KAMINOGE Nº102

Cover PHOTO
KUNIYOSHI TAIKO

※『玉袋筋太郎の変態座談会』は休載します。

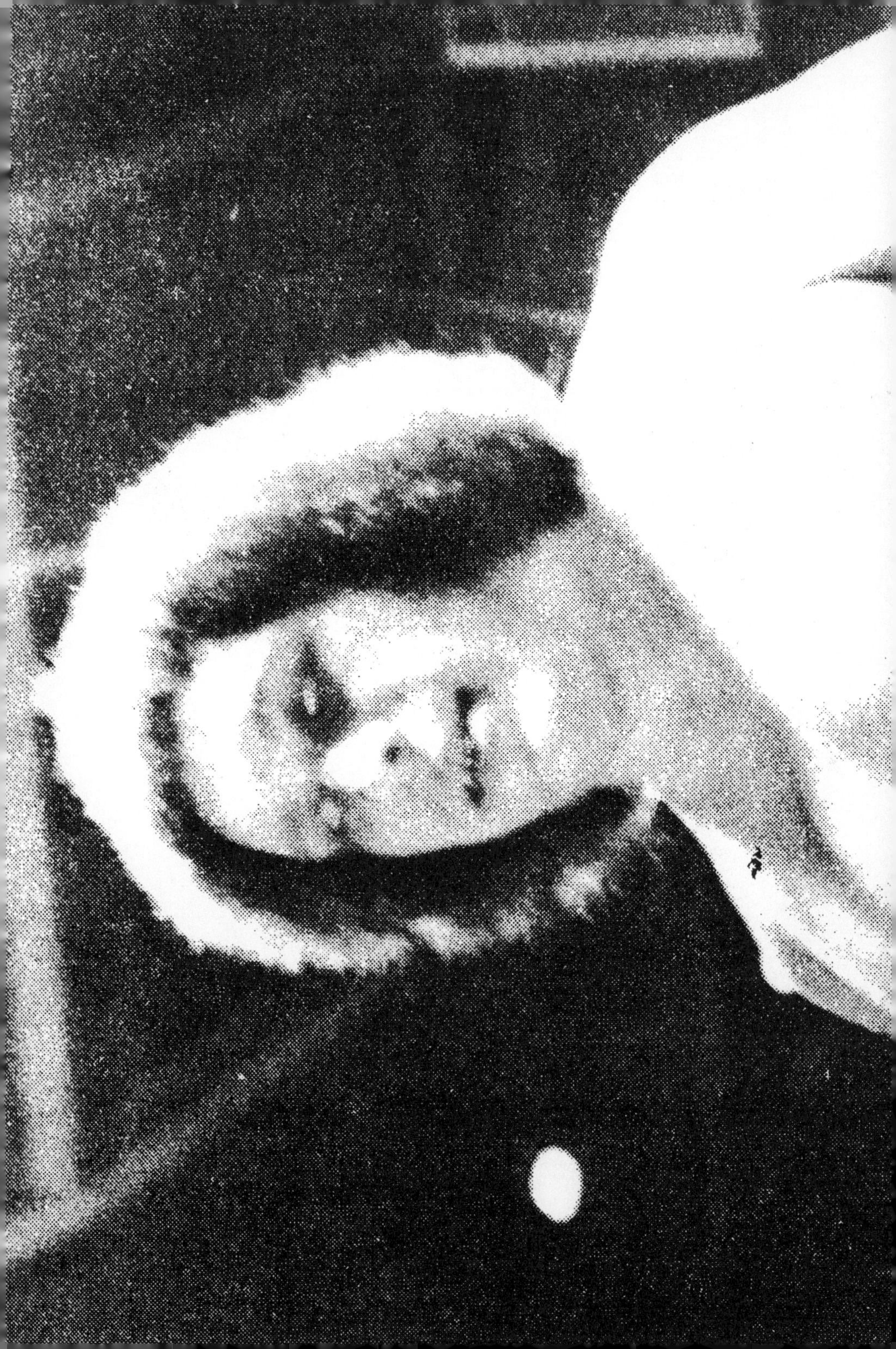

Treasured Moments with ANDRE

PETIT KASHIMA

俺の人生にも、一度くらい幸せなコラムがあってもいい。

VOL.101

KAMINOGE COLUMN

「ハセノマスク」とは何か？

プチ鹿島

プチ鹿島（ぷち・かしま）1970年5月23日生まれ。芸人。テレビ朝日系『サンデーステーション』（日曜午後4時30分～）レギュラー出演中です。

このところ「政治家・馳浩」が話題だったので、ついでに「プロレスラー・馳浩」についてあらためて考えていた。

　私は馳の明るさがイヤでイヤで仕方なかった。「これは新日本の伝統を壊しているのでは？」と敵視した。私にとって昭和新日本を内部から明るく壊す馳浩は認めることはできなかったのである。

　しかし馳に疑問や怒りを持つ一方で、名勝負を繰り広げる姿にも魅了されていた。平成初期の新日本名勝負として思い出に残るのは「天龍vs馳」「猪木vs馳」「武藤&蝶野vs馳&佐々木」そして「スタイナーズ戦」。皮肉にも馳がいつも絡んでいた。レスラーとしてはやはり素晴らしかった。

　そんな馳はあまりに昭和のレスラーと違うので「アヒル」だと思っていたが、本人は「白鳥」へのステップアップを最初から考えていたのかもしれない。そこまで感じさせるしたたかさがあった。「馳浩＝みにくいアヒルの子」説である。

　馳の「アヒルの子」感は、当時彼を見ていた人間なら薄々感づいていたと思う。そんな合理的な姿がファンからすれば寂しくもあった。

　しかし馳からすれば「上」しか見えない。野心家である点も政治家の条件にはぴったり。なので馳浩を「プロレスラー議員」枠で語るのは間違いなのである。出馬の経緯からして違う。馳は森喜朗からスカウトされたエリートだ。

　もちろんこのエリートという意味には「永田町にピッタリ」という皮肉もある。政治屋が政治家になっただけ、とずっと前から私が考えるのはそういう意味である。

　今あらためて考えるとレスラー当時から政治家らしい面がピンポイントであった。「発信の仕方」である。現在コロナ禍で評価される政治家を見ると情報発信が巧みな人が多い。ＳＮＳを駆使し、時には批判者に対して自分から絡んでいく。これは支持者を興奮させるだけでなく批判への牽制効果もある。

　この感じどこかであったよな？と思ったら、やはり馳浩だった。レスラーとして絶頂時の彼は「言葉」も駆使していた。元国語教師なので当然と言えば当然だが、やり方が巧妙。90年代に「活字プロレス」が猛威をふるっていた頃、馳は批判されると反論していた。１９９３年のＧ１クライマックス（7日間興行、トーナメント）が失敗だったと『週刊プロレス』が書いたら翌週に馳浩が登場し「失敗ではなかった」とインタビューで反論したのだ。馳はトーナメントでは準優勝だったのでプレイヤーが直々にマスコミに反論してくる姿は新鮮すぎた。

でも『週刊プロレス』と折り合いが悪かったかと言えばそうでもない。安田忠夫のデビュー戦の相手を務めたあとに自分で自分の試合をレポートするという「快挙」もやってのけた。なんとも巧みなマスコミとの付き合い。そしてこれってもう、現在の政治家やスポーツ選手がＳＮＳで自分で発信して「本人が言ってるのだからそれが正解」と思わせる風潮の元祖ではないだろうか。発信が上手なのはよいが本人の言葉だけが絶対視されると「他の見立てや論評は認めない」という空気も生む。いつしか自由な見立てや解釈は「本人登場」の前に委縮するおそれもある。当時の馳浩を考えていたら今の言論状況にもたどり着いた。

ただ、不思議なのは現在の「政治家・馳浩」はＳＮＳを駆使していない。せいぜいブログ。慎重なのだろうか。どうせいろいろ炎上するなら開き直ってツイッター等で発信していくのも手だと思う。

ついでにもうひとつ、時事ネタで馳浩が浮上したことがあった。

コロナ対策で政府が布マスク2枚を配るという「アベノマスク」。４６６億円かけてまでどうなの？とか、不良品があるとかいろいろ論点があった。情報公開が早くされなかった点もあった。

4月21日に3社の社名と契約金額がやっと明らかにされ、残りの1社「ユースビオ」が27日にようやく公開。ＳＮＳではユースビオって何だ？と正体探しが盛り上がる羽目に。昔懐かしい「謎のマスクマン」状態である。私もワクワクしてしまった。

その後に出た情報では「ユースビオ」はベトナムに駐在員を置き、同国で調達した木質ペレットを日本などで販売。ベトナムにマスクの製造工場が多いことから、福島県議らに「同国から調達できる」と提案したところ県から発注があったという。その流れで今回国から託されたという。つまりベトナムと縁が深かった。

これで思い出したのが馳浩である。１９８５年にプロレス入りした馳は、日本デビューの前にまず海外で修行した。そのとき名乗っていたのが「ベトナム人」だった。

先輩レスラーの新倉史祐とコンビを組み、馳はマスクをして「ベトコン・エキスプレス２号」と名乗っていた。馳はベトコンだったのである。30年ほどたった２０１６年、文部科学大臣となった馳浩はベトナム訪問をした。すっとぼけていたがこれって完全に「里帰り」である。

というわけで「ベトナム・マスク・政治」ときて私はまたしても馳浩を思い出したのである。謎のマスクマン・ユースビオは馳浩だった（仮説）。

当時のあの「ハセノマスク」だったら私もほしい。

2020 EARLY SUMMER TIME

長州力が自宅テラスで孫とはしゃぐ!!

処方せん
各病院・医院の
処方せん受付

ターザン山本!はあてもなく町を徘徊する!!

2020 EARLY SUMMER TIME

WING

WRESTLE AND ROMANCE

不要不急の天龍 WAR 再評価企画 「忘れていた記憶」と 「素通りしていた歴史」がここに蘇る!!

収録日:2020 年 5 月 7 日
撮影:橋詰大地
試合写真:平工幸雄
写真(天龍源一郎):当山礼子
構成:堀江ガンツ

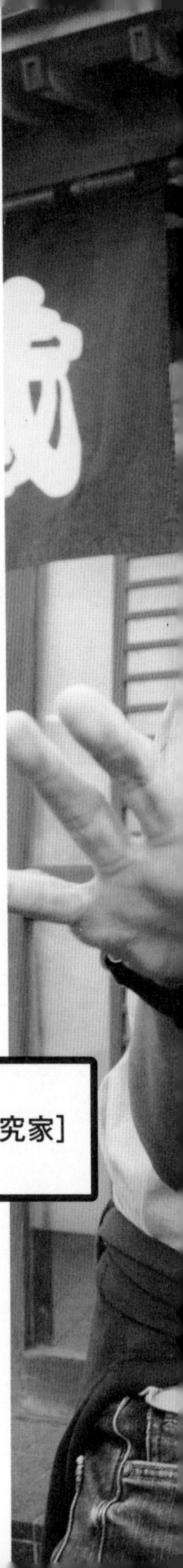

玉袋筋太郎[芸人]

春日太一[映画史・時代劇研究家]

「去年の年末は高崎で、WWSっていうポーゴさんが作った団体の"会議室プロレス"を観ましたよ」（春日）

玉袋　春日先生は『KAMINOGE』は初めて？

春日　もちろんですよ。プロレス関係の仕事自体、10年近く前に『真夜中のハーリー&レイス』（ラジオ日本）に出て以来ですもん。

玉袋　じゃあ、『KAMINOGE』的には春日先生というまだ見ぬ強豪がいたってことだな。

——以前から、いいタイミングで出ていただきたいとは思っていたんですけど、コロナ禍で対面取材もままならないなか、「いましかない！」という感じでお願いしてみました（笑）。

春日　近所だし、すぐ出てこれるだろうと（笑）。

——こんなご時世でお酒を飲みながらの取材というのは、玉さんとも関係が近い人のほうがいいんじゃないかなと。

春日　何かあっても恨みっこなしですからね（笑）。

玉袋　ウイルスもらったらもらったでしょうがねえっていう（笑）。

——というわけで春日太一さんが満を持しての初登場、よろしくお願いします！

春日　呼んでいただき、ありがとうございます。

玉袋　だって俺と春日先生が一緒に飲むと、だいたいプロレスの話をしてるからね。それがなんでこれまで活字になっていなかったかって、ガンツがその場にいなかったからだよ（笑）。

——テレコさえ回しておけばよかったのにっていう（笑）。

玉袋　あれだけ贅沢な会話はないよ。俺と先生のド変態なプロレストークだから。

——ちなみに、これまでどんな会話をされてきたんですか？

玉袋　やっぱり春日先生はWARファンだから、WARの話とかな。

春日　あとは谷津（嘉章）だとか（ミスター・）ポーゴだとか。

玉袋　だって先生は、板橋かなんかの汚ねえ倉庫まで行って、ポーゴの試合を観てたっつうんだから。

春日　行きましたねえ。板橋グリーンホールで昼夜観たりとかね。あと、どっかの団地にも行きましたよ。

玉袋　高島平？

春日　そう、高島平！　あそこで松崎（和彦）vs戸井（マサル）がメインの興行を観てますよ（笑）。

玉袋　そんな人いねえよ（笑）。まあ、趣味人というか、それは変態でいいよな。

——松崎vs戸井って、屋台村ヨンドンあたりでやってそうなカードですけど、90年代の話じゃないんですか？

春日　2年前の話かな。しかもお盆で（笑）。

玉袋　それなりに名前も顔も売れていて、著作もいっぱい出してる男が、そういう会場に紛れ込んでるのが凄いよ（笑）。

春日　去年の年末は高崎で、WWSっていうポーゴさんが作った団体の〝会議室プロレス〟を観ましたよ。会議室に体育用のマットを2枚敷いてやる興行（笑）。

玉袋　年の瀬に何をやってるんだっていうね。その執着性っていうのはなんなの？

春日　なんなんでしょうね。ただ、ボクはずっと観続けているわけじゃないんですよ。テリー・ファンクみたいにけっこう離れたり戻ったりを繰り返してる。いまボクのなかでは第4次くらいのプロレスブームがきているんですけどね。

玉袋　年齢的に言えば、俺と先生はちょうど10歳違うんだよ。だけど10歳っていう年齢の差を感じさせないんだよね。

春日　それはだって、我々が中学時代に毎週（浅草）キッドさんのラジオを聴いてたとき、おふたりがプロレスの話を凄いしていたんですよ。だから「あの話についていきたい！」っていう思いで努力して。実際に本人と会ってプロレスの話ができたとき、「よっしゃ！　俺、話せてるんだぞ！」って卒業試験みたいな感じでしたから（笑）。

――だから春日さんの口から、ちょいちょい「中牧昭二」とかそういう名前が出てくるんですね（笑）。

玉袋　俺だけだよ。中牧Tシャツ着てテレビ出てたの。

春日　浅ヤンで着てましたよね。

玉袋　そうしたら中牧と会ったとき、「ありがとう！」って握手されちゃってさ。

春日　あのTシャツがほしかったんだよなあ（笑）。あとはエル・ヒガンテの格好で出てきたりとか。

玉袋　そうそう。全身スーツで、だいたいヒガンテか、バンバン・ビガロだったから。

――90年代を代表するプライムタイムの人気番組でそれをやってるという（笑）。

玉袋　植地（毅）くんがデザインしたW☆INGのTシャツを着て出たりさ。松永光弘の釘板デスマッチのときに発売された「釘」ってデカく書いてあるやつとかな。中牧TシャツなんてIWAの事務所まで買いに行ったからね。

――タレントがわざわざIジャの事務所に（笑）。

春日　あの頃はラジオでもW☆INGの話をよくしていたんですよね。「ミゲル・ペレス・ジュニアとヘッドハンターズが池袋の安アパートに3人で暮らしてる」とか、そういう話をされているわけですよ（笑）。

――『噂の眞相』の一行情報的なプロレスネタを（笑）。

春日　だからある意味でボクの師匠みたいなものですよ。プロレスの見方を教わったんで。

「その頃、俺たちは新日vsUWFにいっちゃってるから。『あっちとは違うんだ』っていうちょっと上から目線があった」（玉袋）

玉袋　でも、春日先生がそこからWARに傾倒していくっていうところが素晴らしいんだよ。

春日　自分でもいいチョイスだなって思いますね（笑）。

玉袋　WARをこれだけ語れる人はなかなかいないからね。

春日　SWSの頃はちょうどボクがプロレスから離れていた時期だったんですよ。受験生だったんで。その後、ひさしぶりにテレビでプロレスを観たら、たまたま反選手会同盟とWARの抗争が始まっていて、あれで戻された感じですね。

玉袋　また、反選手会同盟の〝大部屋俳優〟感に惹かれちゃうんだよな〜。

春日　当時、ほぼ何も知らない状態で観たんで、まず天龍がテレ朝に出ていることに驚いたんですよ。それで試合後、マサ（斎藤）さんが天龍に向かって「新日本は半端じゃないぞ！」ってマイクで言ってるのを観て、「なんかすげえのが始まるな！」って。

――WARの後楽園がテレ朝の電波に乗った伝説の大会なんですよね。しかも、高田延彦vs北尾光司と同日だったという。

玉袋　あの日か！　俺は髙田vs北尾を観に行ってるもんな。

春日　たしか学校の教室でもまわりは髙田vs北尾の話題をしていましたね。でも、俺はプロレスに戻ってきたのにその輪には加わらず、マサさんとか、木村健悟の話がしたかったという（笑）。

玉袋　沸点が違うんだけど、同じように燃えてたっていうのがいいよな（笑）。

春日　あとは当時、冬木（弘道）が好きだったんですよね。

——冬木はのちに評価されましたけど、初期WARの冬木ファンって聞いたことないですよ（笑）。

春日　あの頃はまだ、サムソン冬木だったんじゃないですかね。ボクはとにかくあんこ型のレスラーがまず好きなんですよ。だから、なぜWARかって言うと、そこなんですよ。アンコ軍団じゃないですか（笑）。

玉袋　アンコだらけだよな。

春日　そもそもボクがプロレスを好きになったのは、ゴールデンタイムで放送していた1985年の全日からなんですよ。小学2年ぐらいであれを観てハマったんですけど、新日本にはハマらなかったんですよ。当時はUWFがいる頃で、黒タイツにシュッとした体型が、スポーツマンっぽくてダメだったんですね。

玉袋　アスリートっぽくちゃダメなんだな。

春日　一方で全日を観ると、天龍と長州がやりあっていて、石川敬士がいて、阿修羅・原がいて、冬木がいて、大熊元司がいて、鶴見五郎もいる、みんなアンコなんですよ。カッコいいんですよ！

玉袋　その価値観が最高だよ。アジアタッグ戦線に目がいくっていうね。

春日　あとはデカい外国人も好きなんで。ハンセンがいて、テリー・ゴディがいて、ロード・ウォリアーズもやってくる。それでしばらくしたらスーパー・ストロング・マシンが来て、ヒロ斎藤もいて「またアンコ型が来たよ！　うわー、最高だね！」っていうのが80年代半ばの全日本。あの時期にどっぷりハマったんですけど、放送時間帯が深夜に移ってからまた観なくなっちゃって。

——当時の小学生にとって、夜10時半って凄く遅い時間ですもんね。

春日　でもゴールデンのときは毎週観ていましたね。あのとき『プロレス・スターウォーズ』（集英社）を読んでいたから、「輪島のパワーならロード・ウォリアーズに対抗できるんじゃないか？」とか妄想が広がって、小学生には最高の夢空間でしたよ。

玉袋　俺たちはその頃、もう新日vsUWFにいっちゃってるから。「あっちとは違うんだ」っていう、ちょっと上から目線があったんだよな。でも、のちに「シューティングを超えたものがプロレスである」っていう馬場さんの言葉の意味がわかるようになるんだけどね。

春日　ボクは入口がそこだったんで、いまに至るまでUWFが苦手だっていう。唯一リングスにだけハマったのは、変な外国人がたくさんいたからなんですよ。変な外国人が好きなんで（笑）。

――アンコ型もたくさんいますもんね（笑）。

玉袋　コピィロフとかグロム・ザザとかな。たしかにあの異邦人ぶりがいいんだよ。

春日　あの日本人よりむしろ外国人が主役な感じが、全日本に通じるんですよね。そして反選手会同盟経由でWARの会場にも行くようになって、蓋を開けたらアンコ祭りみたいな。アンコ型しかいない団体じゃないですか。シュッとしてるのは安良岡（裕二）と折原（昌夫）くらいで（笑）。

――安良岡って名前が出てくるのがいいですね。

玉袋　荒谷（信孝）なんか若くて期待されてたけど、見るからに相撲崩れだったからな（笑）。

春日　WAR後半で、荒谷をエース候補にしようとしていたとき、「さすがにそれはどうなんだ?」って思いましたね。それぐらい人がいないんだなっていう（笑）。

――ムーンサルトができるっていうだけで、エース候補になった感がありますからね（笑）。

春日　露骨な〝荒谷上げ〟をやってましたもんね。力道山ベルトを争った（日本J1王座）トーナメント決勝で天龍とやったりして。当時、WARはかなり苦しい感じでしたけど、あの荒谷プッシュを見て、いよいよ来るところまで来たなっていうのがありましたね（笑）。

玉袋　あとWARだと相撲軍団もいたよな。

春日　あれは素晴らしかったですよ。俺、感動しましたもん。

玉袋　両国橋か蔵前橋かどっかから隅田川に飛び込んで怒られたんだよな。

春日　あれは高木功のときですね。初代・嵐は大黒坊弁慶で、マスクを被って覆面にマワシっていう、キ〇〇イみたいな格好ですもんね（笑）。

玉袋　『ああ播磨灘』だよな（笑）。

春日　それで最初に変なマネージャーがついていたんですよね。

――坂下博志とかいうオッサンですよね（笑）。

春日　そうだ、坂下だ。ワカマツよりもさらに怪しいヤツが来て、あれはひどかったなあ（笑）。

「週プロより『ゴング』のほうが〝プロ〟っていう感じがした。ただ、『ゴング』にもバイアスがかかっていることに当時は気づかなかった」（春日）

玉袋　あの頃、活字でいえば週プロ、『ゴング』、どっちだったの?
春日　バリバリの『ゴング』派ですよ！　ボクはとにかく週プロが苦手だったんで。中2でプロレスに戻って、最初は両方読んでたんですけど。
――週プロにはWARがほとんど載っていませんでしたしね（笑）。
春日　もうひとつは週プロのあの文章が苦手だったんですよ。いまでもそうなんですけど、ボクは読むのも書くのも特徴が出る文章が苦手で。伝えるべきことを、できるだけちゃんと伝えてほしい。だから『ゴング』派なんです。
――週プロだと、各記者の主観を通して見ることになりますからね。
春日　あの頃、ボクは読書家だったから週プロの文章が安く感じたんですよ。「いいよ、てめえのポエムは！　変な作家性を出すなよ！」っていうのがあって。
玉袋　ターザン聞いてっか、おい（笑）。
春日　で、その頃の『ゴング』は清水（勉）編集長時代ですから、いちばん特徴がないんですよ（笑）。でもボクにはそれが最高だったんです。
――偏らないし、主張がないんですよね（笑）。
春日　ないんですよ。表紙も各団体で写真を3つに分けたりとかね（笑）。
――清水さんはマスカラスファンクラブ出身で、カタログの人ですもんね。
春日　その上で竹内宏介さんがシメている時代だから、何も主張なんかできませんよ。
玉袋　でも竹内さんは竹内さんで、実際に会ってみるとちゃんと竹内主観を持っているんだよね。
――ホントは凄くこだわりや主張がある人なんですよね。
玉袋　そこはプロだよな。
春日　そういう意味で『ゴング』のほうが〝プロ〟っていう感じがしましたね。ただ、その『ゴング』にもバイアスがかかっていることに当時は気づかなかったんですよ。それでどんどん天龍バイアスに（笑）。
玉袋　知らず知らずのうちに、小佐野（景浩）ラインにいってたんだな（笑）。
春日　相撲軍団の情報なんて、週プロではそこまで書かれていなかったような気がする。
――週プロでは、マコ・スガワールとかが記事を書いてましたからね（笑）。
玉袋　いたな～（笑）。
春日　『ゴング』では、阿修羅・原が反WAR軍を結成したことを、もの凄くデカいニュースみたいに扱ってましたからね。「源ちゃん、このままじゃダメなんだよ！」みたいなセリフ付

WRESTLE AND ROMANCE

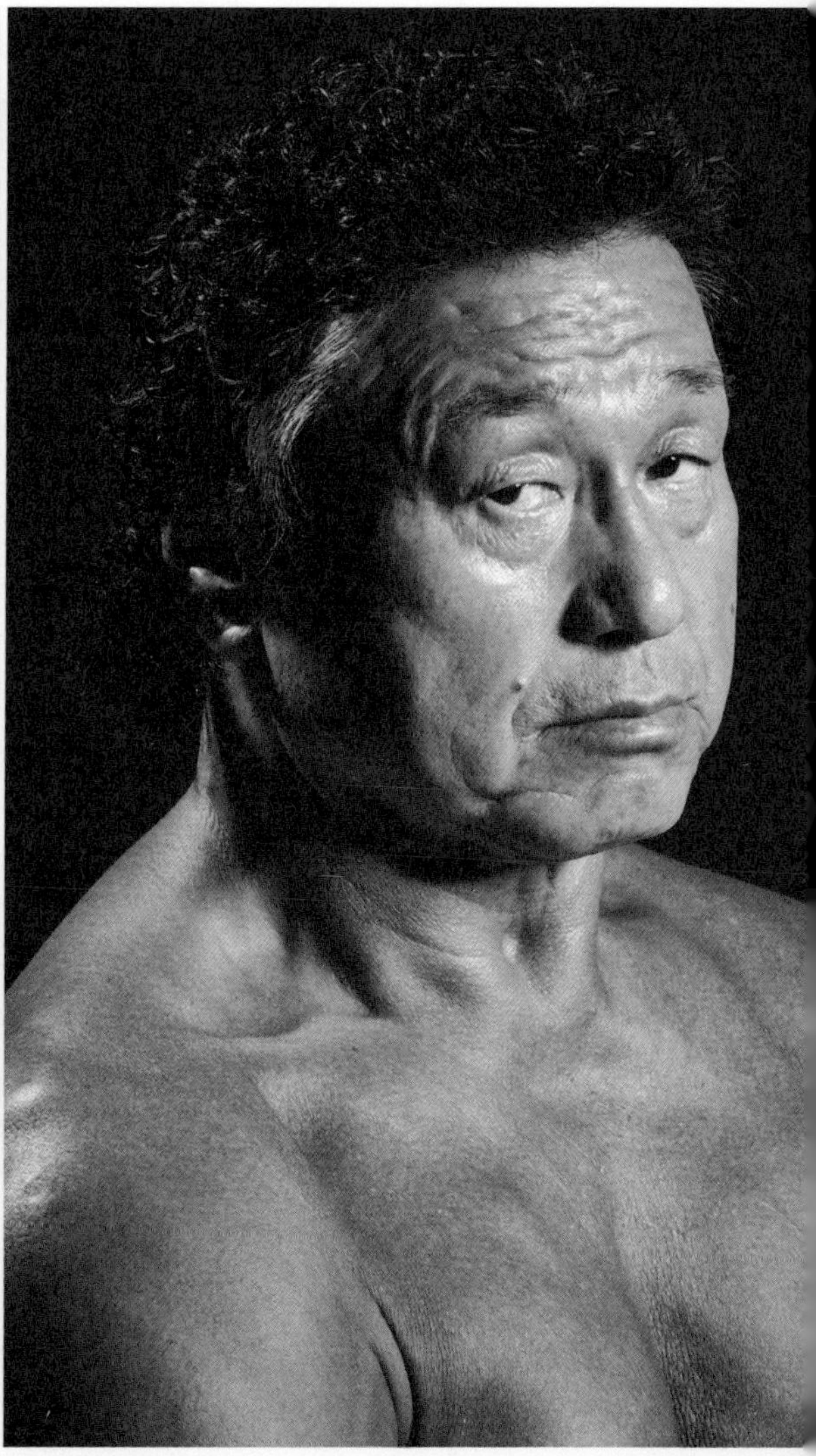

不要不急の天龍 WAR 再評価企画　「忘れていた記憶」と「素通りしていた歴史」がここに蘇る !!

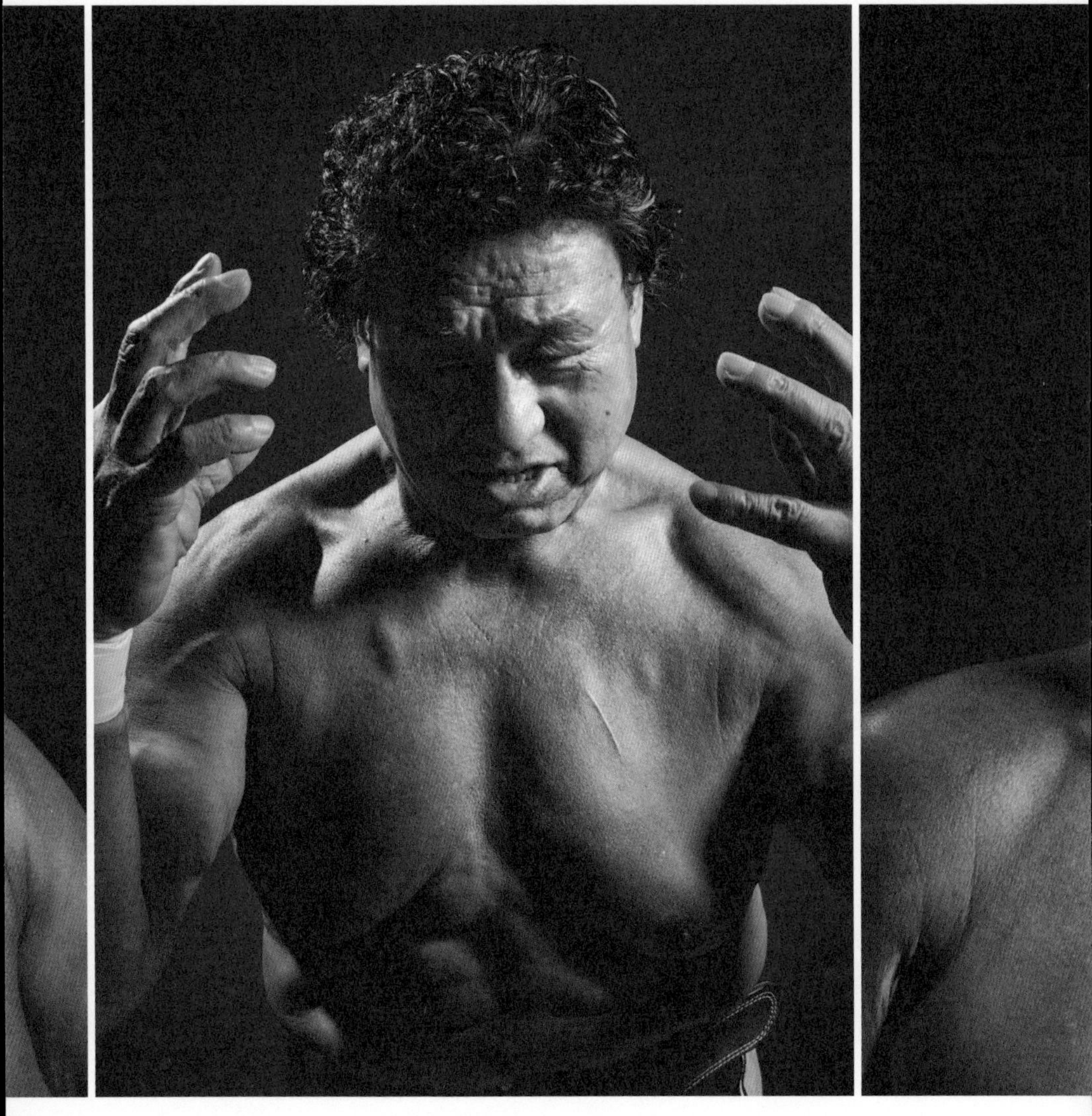

きで（笑）。

玉袋　こっちは週プロ読んでたから、反ＷＡＲ軍ってほとんど記憶にねえよ（笑）。

春日　阿修羅・原が、マシンとか邪道、外道、あとはウォーロードあたりと結成するんですよ。そんなのが『ゴング』だと大ニュースになるわけです（笑）。それと当時は天龍教のバイブルみたいになってたんで、とにかく小佐野さんを通じて語られる天龍インタビューとか、カッコよさがハンパないんですよ。中高生で学校でも孤独なヤツは、天龍節にハマっちゃうんですよね。天龍節というか小佐野さんが語る天龍節っていうのが。

玉袋　あのふたりの盃事でね（笑）。

春日　もうカッコいいんですよ。天龍がいちいち鶴田浩二みたいになってるんですよ（笑）。１９９４年くらいのＷＡＲの男臭さが凄かったんですよ。

玉袋　レッスル・アンド・ロマンスだもんな（笑）。

春日　その名前の昭和感も含めてね（笑）。あとＷＡＲがけっこう団体として長持ちしたのは、週プロが主催した『夢の懸け橋』（１９９５年４・２東京ドーム）に参加しなかったことで、反週プロ派が結集したことも大きかったと思うんですよ。

――あれで天龍さんの求心力がグッと増しましたもんね。

春日　『夢の懸け橋』参戦を拒否して、そのときの『ゴング』の表紙コピーが「俺は金では動かない‼」。あれが最高ですよね（笑）。

――『ゴング』らしからぬ主張の強い表紙で（笑）。

玉袋　小佐野節が炸裂してたんだな。

春日　ＳＷＳのときに（週プロに）「金で動いた！」って書かれたことに対する、あのリベンジ感も凄かった。伏線ってこういう形で回収されるんだなって思いましたよ（笑）。

――『夢の懸け橋』と同日にＷＡＲが後楽園大会を押さえていて、週プロからギャラ以外に後楽園の収益分も上乗せするって、金を積まれたけど蹴ったんですよね。

春日　で、その次の号の『ゴング』表紙は「この指、留まれ‼」で、反週プロとしてＷＡＲ後楽園参戦を呼びかけるというね。あの時期、俺の人生は暗かったですけど、唯一楽しかったのがプロレスでしたね。

「スーパー・ストロング・マシンVSライオン・ハートなんていまなら夢のカードだよ。そうでもねえか（笑）」（玉袋）

――天龍のおかげで救われたと。

春日　ホント、天龍のおかげですよ。ＷＡＲ全体が好きでしたけどね。ウォーロードとか、微妙に豪華な外国人がたくさん来て（笑）。

玉袋　マスカラスも来てなかった?

春日　来てましたよ。天龍とタッグを組んだりしてました。

——初期『紙のプロレス』が、八戸までマスカラス&天龍組を観に行って、ついでに恐山でジンギスカンを食うっていう企画をやってましたよ(笑)。

玉袋　それはJTBでも組めねえ企画だよ(笑)。いま思えばもの凄く輝いていた時代なんだけど、そのときWARの素晴らしさ、ありがたさにそこまで気づけていなかった俺もまだまだだな。

春日　いや、ボクもそうですよ。ウルティモ・ドラゴンがそこにいて、トップのルチャドールが来日していたありがたさに気づいてませんでしたから。ライバルが維新力っていうその違和感に対しても、当時はなんとも思わないで観てましたからね(笑)。

玉袋　ウルティモと維新力の並びって、いまになると味が出てくるな。

春日　一方で、クリス・ジェリコがライオン・ハートとして来ていたり、ミステリオも来ましたし。ミステリオvsシコシスを日本で最初にやったのがWARだったんですよ。

——ルチャの最高峰をWAR両国で実現させていたんですよね。

春日　ウルティモのブッキングで、メキシコの黄金カードをそのまま持ってきたんですよ。

玉袋　それをアレナ・メヒコじゃなくて、スモウパレスでやってるのがいいね。

春日　WARは無理してでも年3回ぐらい国技館でやってましたからね。天龍vs北尾もやって、かかと落としで天龍の鎖骨を折るんですよ。

玉袋　北尾は武輝に行ってる頃だろ?

春日　そうですね。だからあの試合は武輝ルールとプロレスルールを交互に1ラウンドずつ行う、3分5ラウンド制の異種格闘技戦だったんですよ(笑)。

玉袋　公平なルールにするなら、相撲でやりゃいいのにな。ラウンド制なんて相撲からいちばん遠いじゃん(笑)。

春日　あのへんの意味のわからなさがWARの魅力でもあったんですよ。相撲軍団が出てきたり、そのあとさらに赤鬼、青鬼っていう謎のマスクマンが現れたり。

玉袋　その中身は誰なの?

春日　キム・ドクとドン・ムラコですよ。だったら顔を出していたほうがよっぽどいいじゃないですか。そのふたりはネームバリューがあるんだから。なんで謎のギミックをやらせたんだっていう(笑)。

玉袋　そのお好み食堂ぶりが凄いな。

春日　あとボクが好きだったのは、なぜかスーパー・ストロング・マシンが移籍してきたこと。たしかカブキとトレードでしたっけ？

――そうですね。カブキが平成維震軍入りして、代わりにWARはマシンを借りて。

玉袋　マシンをリースって重機じゃねえんだから（笑）。

春日　で、WARに来てもマシンはマシンなんですよ。外敵として天龍とビッグマッチで一騎打ちするとかではなく、反WAR軍のナンバー2で。

玉袋　新日本でブロンド・アウトローズのリーダーだったのに、なんでWARに来て格下げになってるんだよ（笑）。

春日　そうこうしているうちに大仁田がWARに初参戦してきて、両国のメインが龍原砲vs大仁田&ターザン後藤だったとき、マシンは休憩前かなんかでライオン・ハートとシングルだったんですよ。

玉袋　おー、いまなら夢のカードだよ。そうでもねえか（笑）。

春日　そのとき、ライオン・ハートはまだ参戦してきたばかりで、無名といってもいい頃なんですけど、ケブラーダかなんかをやって動きがいいから、大「ライオン」コールが起きちゃって。それでマシンがむくれるというね（笑）。

玉袋　マシンがいじけたんだ（笑）。

春日　それで試合後にマイクを取って、「俺だってこの団体にいるんだから、俺のコールもしてくれ」みたいなことを言ってね。そのへんのマシンの哀愁がまたいいんですよ。

――噛ませ犬を当ててもらったかと思いきや、自分が噛ませ犬にさせられて。

玉袋　噛ませ犬かと思ったらライオンに噛まれて、マシンが松島トモ子になったってことだな（笑）。

春日　そのときの写真が『ゴング』に載っていたんですけど、マスク越しからでも寂しげな表情が伝わるのがマシンのよさじゃないですか（笑）。

――喜怒哀楽の「哀」だけが、やたら伝わってくるんですよね（笑）。

春日　あんなにつり上がった目をしたマスクなのに（笑）。

玉袋　普通は男は背中だけどな。マシンはなぜか顔が透けて見えるっていう。

春日　だから能とか浄瑠璃に近いですよね。顔が変わっていないのに感情が伝わるっていう（笑）。WARってそういう哀愁があったんですよね。

玉袋　そのなかで天龍さんという本物のトップが座長としているのがいいんだよな。そこがW☆INGとか、IWAジャパンとの違いでね。

――IWAジャパンなんか外国人はやたら豪華でしたけど、それを対等で迎え撃つ日本人がまったくいないという。

春日　小野（浩志）と岡野（隆史）じゃしょうがないですもんね（笑）。

玉袋　血みどろブラザーズじゃダメ。それこそ顔じゃねえよっていう話だもんな。

春日　だから、どうしてもターザン後藤を呼んできたりとか、そうせざるを得なくなってくるわけですよね。

「またLLPWの風間ルミや立野記代がWARに合うんですよ。ホントにスナック感が凄いんですよ」（春日）

玉袋　でも、当時のWARの台所事情を聞いたら、選手のギャラとか足りねえぶんはすべて天龍さんのポケットマネーでやってたとかさ。凄いよな。

春日　WWFとも関係があったんですよね？

——SWSとの関係を引き継いだ形ですけど、相当お金がかかったと思うんですよ。でも無理してでも大物外国人レスラーを多数呼んでましたからね。

春日　だってバンバン・ビガロも来てましたよね。初期の頃にはアンダーテイカーも来てましたし、リック・フレアーも来ていて。

——アンダーテイカーとフレアーを同時に呼ぶなんて、当時の全日本、新日本以上に豪華ですよね。

春日　それがだんだんウォーロードとかになっていくという。WARの外国人だと、やたらウォーロードの印象が強いんですよ（笑）。

——キューバン・アサシンとかまた微妙にいい線の中堅を呼んだりしてましたよね（笑）。

玉袋　あのときのブッキングは誰だったんだろうね？

——WWE系は佐藤昭雄ですよね。

春日　そうそう、佐藤昭雄がいたんですよ。で、グレート小鹿も営業として入っていて。

玉袋　そのへんの〝はぐれ全日本〟人脈がたまらんね（笑）。で、そこに女子プロのLLPWが入ってくるわけだもんな。

春日　また、LLPWがWARのリングによく合うんですよ（笑）。

玉袋　あのスナック感がね（笑）。

——JWPとWARじゃ、全然合わないですもんね。

玉袋　ピュアハートはダメだね。スナック感ねえから。

春日　あの頃、WARの第1試合がLLPW提供試合で、立野記代vs二上（美紀子＝GAMI）とかやってたんですけど、ホントにスナック感が凄いんですよ。

玉袋　立野さんも以前、変態座談会で対談したとき、WARのあの感じが好きだったって言ってたもんな。

春日　風間ルミや立野記代がまたWARに合うんですよ。

玉袋　アルバイトレディだよな（笑）。それで神取が天龍さんにボコボコにされたりさ、やっぱりいいんだよ。

春日　だからWARとLLPWって空気が似てますよね。一度、あまりに相性がいいから『リングの魂』（テレビ朝日）でもフィーリングカップルをやりましたからね（笑）。

玉袋　そのコーナー司会は俺たち浅草キッドだよ（笑）。

春日　それでたしか北原光騎とイーグル沢井がカップルになるんですよ。

玉袋　あれも最初からすべて決まってたけどな（笑）。

春日　あの番組、俺は夢中になって観てましたよ。剛竜馬だけの回とかもありましたよね？

玉袋　やってたよ。「ショア！　ショア！」ってさ。

春日　そういえば剛竜馬もWARに来てましたからね。

玉袋　あっ、剛さんも来てたんだ。

春日　たしか剛竜馬と栗栖正伸のタッグかなんかで（笑）。

玉袋　プロレス馬鹿とイス大王が、いつの間にか結託してたのかよ！（笑）。

春日　で、浜さん（アニマル浜口）も3度目の現役復帰で、WARで1年くらいやってるんですよ。『夢の懸け橋』の裏でやった後楽園のメインにもWAR側として出てますからね。動きもキレッキレで。

——あのとき、後楽園にお客が入りきらなくて1階でクローズドサーキットをやったんですよね。

玉袋　そのWARが終焉を迎えていくっていうのは、どういう流れなの？

春日　最後はちょっとひどかったですよね。

——冬木軍が抜けたりしたのが大きかったですよね。

春日　石川孝志の東京プロレスが中心になって、FFFっていうのができそうになって、冬木軍はそっちに行ったんですよね。変な金持ちがインディーをまとめて団体を作るみたいな。

——バイク便の会社がインディー統一機構を作るってやつですよね。

春日　それのトップが石川っていうだけで、もうダメだってわかるだろって（笑）。

玉袋　石川の団体は3億円ベルトとか作ってたもんな。

春日　冬木たちはWARを抜けてそっちに合流して、ターザン後藤の真・FMWも加わって凄いことになりそうだったんだけど、結局興行はできなかったんですよ。

「人知れずWARで暴動事件があったんだ？　俺はもうその頃、すっかり格闘技のほうに行っちゃってたからな」（玉袋）

——いざ旗揚げっていうときに、蓋を開けてみたらスポンサーが倒産状態だったという（笑）。

春日　で、天龍は天龍で、それに対抗して「プロレス連合会」っていうのを作るんですよ。そのネーミングのダサさがまたいい（笑）。そこに参加してくるのが大日本とかIジャ、夢ファクとかで「またコイツらが集まってきたね！」っていう。その前にはケンドー・ナガサキも来て盛り上がったりね。

玉袋　また、はぐれ全日本だよ（笑）。

春日　6人タッグトーナメントとかにNOW軍として参加して、そこからWARとNOWの抗争が始まるという。あんなのに興奮したのは俺ぐらいですよ（笑）。

玉袋　ちょっと前までSWSで一緒にやってたじゃねえかって（笑）。

春日　凄いですよ。ナガサキ&川畑輝鎮&三宅綾で乗り込んできちゃうんですから。それで冬木軍に凄いやられて、ナガサキがキレて消火器をぶちまけるという（笑）。

――あー、ありましたね。

春日　そのときに『ゴング』が付けたナガサキのあだ名が「消火鬼」っていう。

玉袋　火事を消火してくれる、いい鬼じゃねえかよ（笑）。

春日　で、ナガサキがWARに参戦したことで、WARで営業をやっていたグレート小鹿とひさしぶりに再会をはたして、これが大日本プロレス旗揚げにつながっていくんですよね。

玉袋　なんだろ、その人生の交差点ぶり。

春日　山川竜司もその流れでNOWから来てるんで。ナガサキと山川がそこで小鹿と出会って、それがのちに大日本になってるんで。だからWARって凄いんですよ。

玉袋　俺はその頃、もうすっかり格闘技のほうに行っちゃってたからな。

春日　だからあれは寂しかったですよ。夜中に『SRS』（フジテレビ）をパッと観たときの寂しさって。「あっ、キッドさんってそっちに行ってるんだね……」って。「遠くなっちゃったな……」みたいな（笑）。

玉袋　『SRS』は田代まさしがああいう事件を起こしちゃったから、後釜で俺たちが呼ばれたんだよな。

春日　「モデルたちと格闘技を語ってるよ……」みたいな（笑）。

――ちょっと前まで『リン魂』で剛竜馬や高野拳磁と絡んだり、WAR×LLPWのフィーリングカップルの司会をやっていたはずなのに（笑）。

春日　「キッドさんはあっちに行ってしまった。俺はまだこっちだ……」って、置いていかれたような気がしましたよ（笑）。

玉袋　流されない男だな。時代に流されないよ～。

春日　話を戻すと、WARの終わりはけっこう寂しい感じで。武井（正智）社長がいろんな人たちと合わなかったのか、どんどん選手が抜けていったんですよ。中でも冬木が抜けたのがいちばん痛かった気がしますね。冬木は離脱前に、東陽町のホテルで暴動事件っていうのを起こしちゃってるんですよ。

玉袋　ＷＡＲで暴動事件があったんだ。

春日　ＷＡＲがなかなか後楽園を借りるのも難しくなってきたとき、ようやく見つけたいい会場がホテルイースト21。あそこの大きな宴会場みたいなところが１０００人くらい入れられる広さで、それでいて安く借りられてよかったんですよ。そこで天龍vs冬木の最終決着戦を髪切りマッチでやったんですけど、負けた冬木が髪を切らずに逃げちゃったんです。

玉袋　それ、猪木vsラッシャー木村のときのラッシャー木村と一緒だよ（笑）。理不尽大王をこれから売り出すために、髪切りマッチで負けたのに逃げるとか、理不尽なことをやったんだろうな。

春日　でもＷＡＲファンって純で熱いヤツらの集まりだったんで、本気で怒っちゃったんですよね。

――「許せない！」と。

春日　「完全決着だろ！」っていうのがあったんで、それで暴動が起きちゃって。

玉袋　そんな人知れず暴動が起きてたのかよ（笑）。

――普通、暴動っていうのはプロレス史に残るもんですけどね（笑）。

春日　世界でいちばんニュースにならない暴動ですよ（笑）。そのおかげで、たしかイースト21が借りられなくなってしまうんですよね。俺の中のＷＡＲ史観としては、あそこがターニングポイントだったのかなと。

――イースト21という新たな聖地がなくなったことで崩壊を早めたと（笑）。

春日　当時はまだ新木場１ｓｔリングとか、新宿ＦＡＣＥとか、ああいう規模のちょうどいい会場がなかったんですよ。後楽園以外だと、建て直す前の大田区体育館とか大きくなってしまうんで。

――前の大田区は冷暖房は入っていないし、交通の便も悪かったですからね。

春日　それが下町の東陽町にいい会場を見つけたんですけどね。高木が両国橋から飛び降りたのも、イースト21でやったときじゃないかな。東陽町から近いから飛び降りやすいんですよ（笑）。

玉袋　あれは警察に怒られたんだよな（笑）。

春日　それからしばらくして、ボクはこの仕事をやるようになってからスカパー！のレギュラー番組をもらったんですけど、スタジオが東陽町なんですよ。地下鉄の出口の反対側の矢印を見たら「ホテルイースト21」って書いてあって、「あっ、まだあったんだ」って思いながらね（笑）。

玉袋　春日先生が聖地に引き寄せられたんだな（笑）。

春日　やっぱりＷＡＲとは縁があるんだなって（笑）。

「俺の中で前田日明のベストバウトはマシン戦ですからね。それしか思い浮かばない（笑）」（春日）

玉袋　でも春日先生の熱い語りを聞いてると、ＷＡＲに昭和のパ・リーグを感じてくるね。

春日　たしかに昭和のパ・リーグと選手の感じが似てますよね。南海の門田（博光）とかアンコ型のホームランバッターじゃないですか。細かい技を使ってくるっていうよりも、ドスーンドスーンでしょ？　だからあそこにマシンが来たっていうのは正しかったと思うんですよね。

――闘魂三銃士が全盛時代の新日本ではマシンは活きない。適材適所だったと（笑）。

春日　とはいえ、当時マシンがＷＡＲに来てよろこんでいたのは、俺くらいしかいなかったと思うんですけどね（笑）。

玉袋　その先生の熱量は凄いよね（笑）。

春日　それでマシンはしばらくすると新日に戻されて、組む相手がいなくて蝶野と組んで。そのときに有名な「しょっぱい試合をしてすみません！」っていう言葉が出るんですよ。

玉袋　翻弄されているよな。たとえば猪木と馬場の間の大きな流れに翻弄されるならわかるんだけど、マシンとかはそこから離れちゃってるじゃん。でも何かに翻弄されちゃってるんだよ。

春日　だいぶ下流で翻弄されてるんですよね（笑）。

玉袋　そんなに流れが速いわけじゃねえんだよ。なんで下流で溺れてるんだっていう話だよな。

春日　前田日明が上流の激流に翻弄されているのはカッコいいわけですよ。マシンは同期なのにこんなにも違うものなのかって。だから俺は前田よりもマシンなんですよ（笑）。

玉袋　そこが渋いよな～。俺たちは前田に行っちゃったからな。

春日　俺の中で前田のベストバウトはマシン戦ですからね。それしか思い浮かばない（笑）。

玉袋　マシンを中心としたこの考え方な（笑）。

春日　マシン主観ですね（笑）。

玉袋　その春日先生のＷＡＲ好きっていうのは、俺がガキの頃、馬場、猪木がまだ全盛を誇っていた時代に国際プロレスにハマってたっていうのに近えのかな。

春日　あの匂いですよ。

玉袋　やっぱりあの国際の匂いが感じられてたんだ。

春日　明かりが暗いっていう（笑）。

――いま思うと、呼んでいた外国人レスラーが豪華だっていうのも似てますよね。

春日　だからいまこそＷＡＲを観たいんですよ！

――じつはいま、コロナの影響でサムライＴＶが新しい試合を流せずに過去の試合を流すしかなくて、なんとＷＡＲの両

WRESTLE AND ROMANCE

不要不急の天龍WAR再評価企画　「忘れていた記憶」と「素通りしていた歴史」がここに蘇る!!

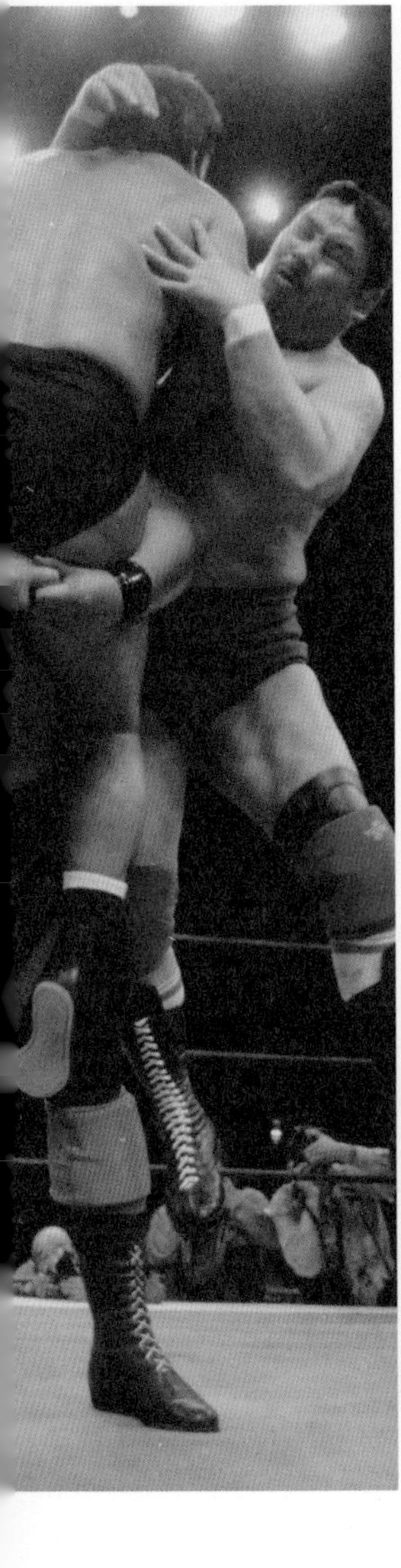

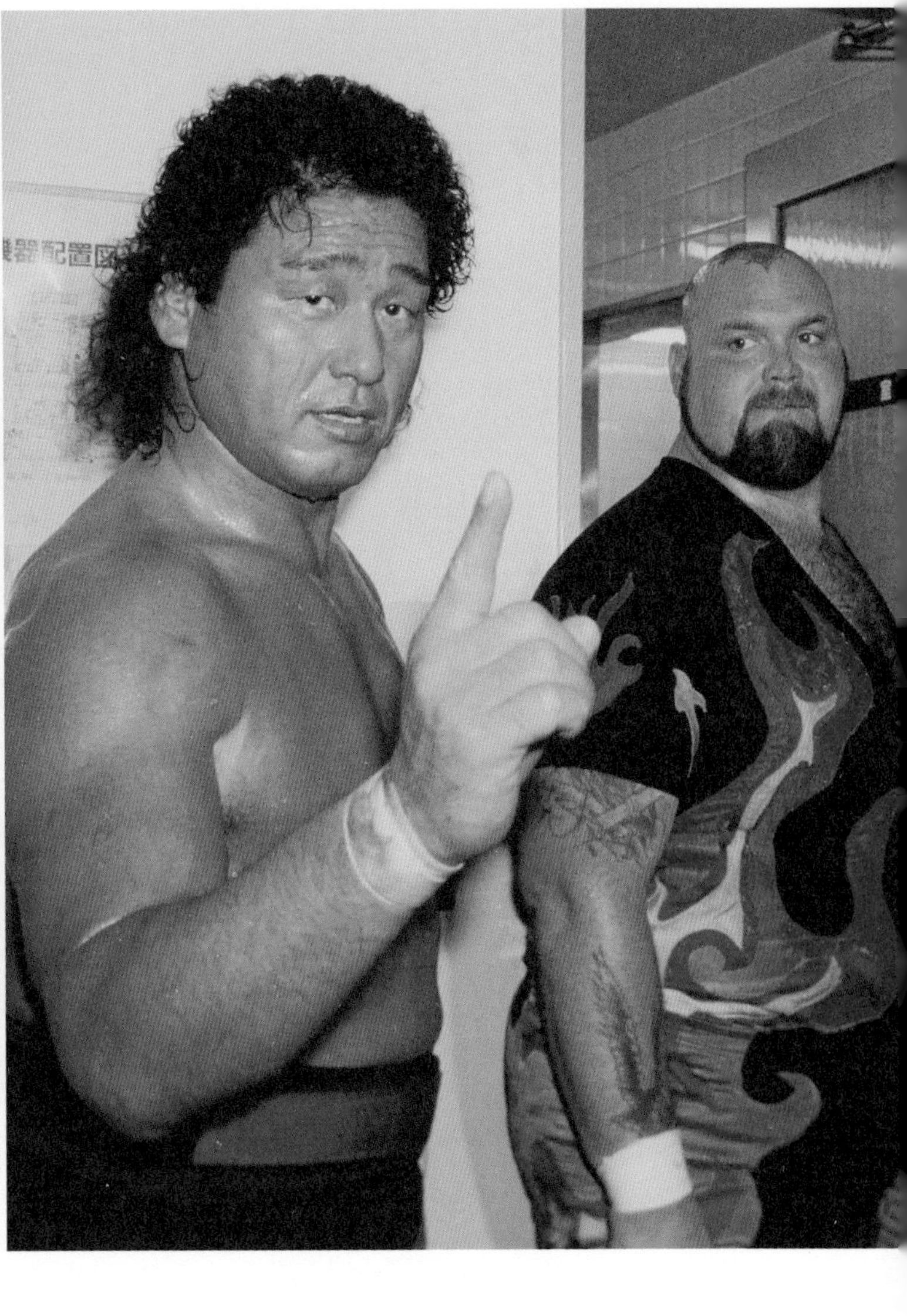

国大会とかを再放送し始めてるんですよ。

春日　えっ、やってるの!?　入る、入る、入りますよ！（笑）。

玉袋　そうしたら俺もサムライ入り直すよ（笑）。

春日　マジっスか？　それ、最高じゃないですか！

——それでWARを観た人はみんな驚いてるんですよ。「有名な選手ばっかりじゃん！」「豪華すぎる！」って（笑）。

玉袋　そうなんだよな～。なんで当時そこに気づかなかったっていう話なんだよ。

春日　まずクリス・ジェリコが前座にいるっていう段階で豪華ですからね。

玉袋　贅沢すぎるよ。

春日　その後、ライオン道として冬木軍に入れさせられるという（笑）。

——あとは髙田延彦が6人タッグに出ていたりとか、Uインター勢も参戦してるんですよね。

春日　Uインターと抗争をしてましたからね。

玉袋　天龍vs髙田もやってるもんな。

春日　あのときに冬木軍がいて、安生（洋二）たちゴールデン・カップスがいて、WARが6人タッグベルトを作るわけですよ。

玉袋　また、わざわざ作るね～（笑）。

春日　普通なら6人タッグっていうのは地方とかでその他大勢が組んでやるものじゃないですか。

玉袋　そうそう、人数合わせだからね。

春日　だけどそこで6人タッグを売りにするんだっていう。両国で6人タッグのトーナメントまでやっちゃいましたから。そうしたら天龍&ビガロ&大仁田っていう凄いチームが実現するっていう（笑）。

玉袋　名前だけで勝ちだよ（笑）。

春日　たしか優勝は冬木軍だったかな？

——6人タッグトーナメントは2回やってるんですよね。それで2回目は髙田&垣原&佐野のUインター勢が優勝した気がします。

春日　そういうUインター勢がいる一方で、ウォーロード&クリス・ジェリコ&バンピーロみたいなメンバーがいたり（笑）。

玉袋　それもいま思うと、すげえ豪華だよ。国籍もなんも共通点のねえ、ごった煮だけど（笑）。

「アンコ型レスラーにスイッチが入っちゃうって反・猪木イズムだよな（笑）」（玉袋）

——ホントにいま思うと豪華でしたよね。いま、そんな興行があったら間違いなく行きますよ。

春日　いまあったら俺は通いますよ。あの頃は学生だったんで、いちばん金がないときだから年に2回ぐらいしか生では観れずに悔しい思いをしたんだけど。

玉袋　こりゃあ、サムライ入り直すしかねえな。

春日　ＷＡＲはメインどころもいいんですけど、前座がまたいいんですよ。邪道&外道が第1、2試合に出てきて、相手が平井（伸和）や安良岡になるんですけど、日によっては栗栖、剛とか。それに浜さんも出てくるし、もう好きなレスラーしか出てこないんですよ（笑）。だからＷＡＲはホントに俺にとって、レッスル・アンド・ロマンスなんです。

玉袋　ＷＡＲの話をしていると、いつも先生の熱が入りすぎちゃって俺が置いていかれるんだよな（笑）。

春日　アンコ型レスラーに対するスイッチが入っちゃうんですよ（笑）。

玉袋　反・猪木イズムだよな（笑）。

春日　大人になったいま、酒を飲みながら観るのにいちばんおもしろいのはＷＡＲだと思いますよ。

玉袋　かもしれないな。当時の背景とか選手のポジションとかさ。

春日　ＷＡＲ末期に、天龍vsミスター・ポーゴっていう試合があったんですよ。これがいまだったら〝不穏試合〟って言われるんでしょうけど、天龍がポーゴをボコボコにしすぎちゃって、試合の途中で逃げちゃったんですよ。あれがもともとシナリオ通りなのか、本当に逃げたのか謎だったんですけど、その真相がミクシィでわかったっていう（笑）。

――ポーゴのミクシィで（笑）。

春日　ポーゴがあのときのことをミクシィに書いたときに、マグニチュード岸和田、当時は藤田豊成ですね。藤田があのときにポーゴの影武者みたいな感じで付き人だったんですけど、ポーゴが逃げちゃったもんで、ひとり取り残されて天龍にボコボコにされて終わったんですよ。それでのちにミクシィに藤田が「あのときはホントに死ぬかと思った。ポーゴさんがいつ戻ってくるのかと思ったらホントに逃げちゃうんだもん」って書いていて真相がわかったっていう（笑）。

玉袋　ポーゴはケンドー・ナガサキからも逃げたからな（笑）。

春日　あれはＷＡＲ末期のホントにひどい頃ですね。あと北尾vsジョン・テンタの決着戦もＷＡＲであったんですよ。

玉袋　ＳＷＳの神戸大会でやった不穏試合の決着戦を、数年後にＷＡＲでやったってことか。

――たしか天龍vs髙田をやった両国でやったんですよね。

春日　そのセミだった気がします。

玉袋　その試合はちゃんと成立したんでしょ？

春日　もう完全にお互いが大人になっていますから、大人の試合をやってましたよ。で、あの頃はテンタがもう動けなくなってるんですよね。ＳＷＳのときのテンタとは身体が違いますよね。やっぱり早死にしただけあって、ＷＡＲに上がっていた頃はもう身体がダメだったんじゃないですかね。

——絞った感じじゃなく、痩せてたんですよね。

玉袋 その頃、もうWWEはクビになってるわけ？

——WWEからWCWに行ったんですけど、ひどい扱いだったんですよね。

春日 サリバン軍団の下にいたんですよね。

——それでストレスが溜まって、体調を崩したのもあったかもしれない。

玉袋 テンタは相撲を辞めるときもいろいろあったもんな。

春日 だからWARに来たときはもう身体が全然動かなくて、5分以上は試合ができないくらいで簡単に負けてましたもん。まあ、北原にも負けていたくらいですからね。

玉袋 ここでまた「北原」っていう名前が出てくるところが凄いな（笑）。

春日 北原は、なぜかWARファンにも認められていなかったりしましたからね（笑）。あとWAR末期には仲野信市も来たんですよ。それで天龍との抗争が始まって、あれも好きでしたね。SWS崩壊の因縁をここで持ってくるかって。

「天龍の器の大きさに惚れましたね。子どもの頃は天龍と牧瀬里穂のことしか考えてませんでしたから」（春日）

——仲野信市は、天龍と対立する谷津派でしたもんね。

春日 天龍がボコボコにして勝つんですけど、試合後、大の字になって動けない仲野に対して天龍がマイクを突きつけて、「誰がいちばん強いか、言ってみろ！」って言ったら、仲野が「谷津だー！」って反論するっていう。あれが好きで（笑）。

——最高ですよね（笑）。

春日 あのとき、「この流れで谷津もWARに上がるんじゃないか？」ってワクワクしたんですよ。谷津は新日で昭和維新軍やっていた頃だから、天龍vs谷津の決着戦があるんじゃないかなって。

——交渉はしていた可能性が高いですよね。

春日 仲野が上がったくらいですからね。その前にはナガサキも来てるし、ジョージ高野とかも、その気になれば天龍は上げたはずなんですよ。天龍の器の大きさにも驚きましたよね。

——SWSで、リアルにモメてた人ばかりですからね（笑）。

玉袋 言ってみりゃ、猪木以上にすげえのかもしれねえな。

春日 そしてナガサキはWARに上がることで、次の人生である大日本のスタート地点を作ったわけですからね。そういう天龍の器の大きさに当時は惚れましたね。「これだろ、男は！」っていう。高校時代の俺はホントに病んでたんで、天龍のことばっか考えてましたもん（笑）。

玉袋 先生はそれをNHKの番組に出て言ってたからな（笑）。

春日 「子どもの頃は天龍のことしか考えてませんでしたから

ね」って言ってね。でも、みんなプロレスに興味がないから「天龍ってまずなに?」って聞かれて、「あっ、しまった!」って(笑)。

玉袋　それをたまたま俺が観ていたっていう。「春日、言ったぞおい!」って(笑)。

春日　そう、「天龍と牧瀬里穂のことしか考えてなかった」って言ったんですよ(笑)。

——90年代前半はそうなりますね(笑)。

春日　天龍が次に何を考え出してくるんだろうとか、こういう状況下で天龍は何を考えて生きてるんだろうとか、そういうことを考えていましたね。

玉袋　俺がいまだに感じる、「猪木は今日、何を考えてるんだろうな?」っていうのと一緒なのかな。

春日　そうですね。カリスマなんですよ。

——その天龍さんも、早いもので引退してもう5年が経つんですよね。

玉袋　もうそんなに経つか。

春日　じつは天龍引退興行は行けなかったんですよ。その日は杉作(J太郎)さんと豊橋でトークショーがあって、どう考えても間に合わないと。でも調べてみたら、三河安城にあるシネコンでパブリックビューイングなら観られるかなとかいろいろ調べたんですけど、結局、杉作さんと4時間くらいしゃべったのでそれもダメで。そんな思いをツイッターに書いていたら、清野茂樹アナが「春日さんがいま日本でいちばんWARですよ!」って言ってくれて、それでちょっとホッとしたのもありますね。

玉袋　「いま、日本でいちばんWAR」って、なんだその言葉(笑)。

春日　清野さんは俺が『ハーリー&レイス』に出たとき、あまりにもWARを熱く語るもんだから、相当驚いてましたからね。ここまでのヤツとは思わなかったみたいで。

——これは春日さんと天龍さんの対談もやらなきゃいけないですね。

春日　いや、でも俺は無理ですね(笑)。

玉袋　あがっちゃう?(笑)。

春日　あがりますね。

玉袋　これまで、どれだけ名優と対談してきたんだよって話だけどな(笑)。

「恩讐の彼方に谷津&仲野vs天龍&カブキって最高だな。最後はレフェリーのターザン山本!をみんなで血だらけにして」(玉袋)

春日　玉さんと最初にお話したときもそうでしたけど、中・高時代に好きだった人って、自分の中で大きすぎてダメなんですよ。ピエール瀧さんもそうでしたし、南野陽子と会ったときもそうでしたけど、ホントにダメですね。ましてや天龍はその中でもボクにとっていちばんのアイドルですから。松方弘樹さんとか仲代達矢さんのほうがまだしゃべれますよ（笑）。

玉袋　すげえ大物じゃねえかっていう（笑）。

春日　あそこまでいけばもう開き直るしかないかなって（笑）。

玉袋　星は遠くで眺めるほうがいいっていう気持ちもあるんで。あと天龍に嫌われたくないっていうことか。でも先生と天龍の対談は見てえけどな。

春日　レスラーとプロレスの話をするのって難しいじゃないですか。あまり俺が純粋すぎても逆に困らせてしまうんじゃないかって（笑）。

――どこまで聞いていいのかもわからないし（笑）。

春日　わかった感じでいくのもまたよくないと思うんですよ。だから凄く難しくて。だったらポーゴさんとかのほうがラクなんですよ（笑）。

玉袋　そりゃ、ポーゴのほうがラクだろう（笑）。

春日　最近気づいたんですけど、裏をあまり知りたくないんですよ。プロレスはいま、裏のことがどんどんわかってきちゃっていますけど、だからこそSWS、WARのレスラーのインタビューってほとんど読んでないんですよ。なぜなら知りたくないから。そこだけはなんか残しておきたいんですよ（笑）。

――『証言UWF』みたいな感じの『証言WAR』は読みたくないと（笑）。

春日　そう、読みたくない。特にSWSなんかはそうですよ。

玉袋　柳澤健さんが書かないようにしないと（笑）。

春日　『1994年の天龍源一郎』とかね（笑）。

玉袋　いちばんおもしれえけどな（笑）。

――そういえば今年の11月15日、天龍の引退記念日に天龍プロジェクトの10周年記念興行を後楽園ホールでやるんですよ。

春日　え〜っ！　それは観に行かなきゃいけないな。

玉袋　でも天龍さんが試合に出るわけじゃねえんだろ？

――天龍さんはプロデュースでしょうね。

春日　後楽園でやるなら、ワンナイトカムバックで谷津とやってほしいですね。

玉袋　まあ、天龍さんも足腰悪いけど、谷津さんは片足ねえからな。釣り合ってると言えば、釣り合ってるかもな（笑）。

春日　ボクは天龍と谷津が向き合って終わってほしかったという思いが、いまだどっかにあるんですよ。「引退試合の相手はオカダじゃない」ってずっと思っていて。

玉袋　出ました（笑）。

春日　やっぱり最後はSWSのケジメをつける、天龍vs谷津の決着戦。スペシャルレフェリーをターザン山本！かなんかで、そのぐらいのものをやってもよかったと思うんですよね。天

WRESTLE AND ROMANCE

龍さんは現役バリバリとやって終えたかったんだろうけど。

――もう引退試合じゃない、番外戦として何かやってほしいですよね。シングルじゃなくてタッグでもいいし。

春日　谷津&仲野vs天龍&カブキはどうですかね（笑）。

玉袋　最高だよ。恩讐の彼方にってさ、それこそ恩讐だよな（笑）。最後はレフェリーのターザン山本！をみんなで血だらけにしてな。

春日　WAR同窓会的なことをやってほしいですね。荒谷とか安良岡にも来てもらって。

玉袋　「おまえ、いま何やってるんだ？」って感じでな。

春日　いや～、11月が楽しみになりましたね（笑）。

玉袋　やっぱり、春日先生がいまもいちばんWARだよ！（笑）。

春日太一
（かすが・たいち）
1977年9月9日生まれ、東京都出身。映画史・時代劇研究家。
日本大学大学院博士後期課程修了を修了し、芸術学の博士号を取得。時代劇を中心とした日本の映画やテレビドラマを研究し、著書に『天才 勝新太郎』（文藝春秋）『なぜ時代劇は滅びるのか』（新潮社）『役者は一日にしてならず』（小学館）『泥沼スクリーン これまで観てきた映画のこと』（文藝春秋）『時代劇入門』（角川新書）などがある。

玉袋筋太郎
（たまぶくろ・すじたろう）
1967年6月22日生まれ、東京都新宿区出身。芸人。全日本スナック連盟会長。
高校卒業後にビートたけしに弟子入りし、水道橋博士とお笑いコンビ「浅草キッド」を結成。芸能活動のかたわら、一般社団法人「全日本スナック連盟」の会長を務め、自身の店『スナック玉ちゃん』も経営している。あらゆる文化の造詣が深く、本誌でも『玉袋筋太郎の変態座談会』を好評連載中。執筆家としても『粋な男たち』（角川新書）など多数の著書がある。

バッファロー吾郎Aの

きむコロ列伝!!

Buffalo GoroA

第102回 千昌夫×インコ

バッファロー吾郎A

バッファロー吾郎A/本名・木村明浩(きむら・あきひろ)1970年11月24日生まれ/お笑いコンビ『バッファロー吾郎』のツッコミ担当/2008年『キング・オブ・コント』優勝

新型コロナウイルス蔓延による外出自粛要請によって、家でテレビを観る機会が増えた。そのなかでも歌番組が好きで、歳のせいか演歌や懐メロが流れると心が癒される。

ある日、テレビ東京の『にっぽん!春の歌祭り』を観ていた。実力派演歌歌手のみなさんが自身のヒット曲やカバー曲を歌って私の心を癒してくれるなか、私の大好きな曲『北国の春』の前奏が流れる。歌うのはもちろん千昌夫さん。千さんがステージに登場。ん? いつもの千さんと何か違う。千さんの両肩に何か乗っている。インコだ! 千さんの両肩に2羽のインコが乗っている。

スーツの肩にインコの剥製を乗せたステージ衣装はミスマッチかもしれないが、ユーモラスな千さんならではの衣装……いや、インコは動いている! 本物のインコだ! 千さんは本物のインコを両肩に乗せている!

千さんが「しらかばぁ～」と大声を発してもインコは羽ばたきすらせずおとなしく千さんの歌を聴いていて、間奏中は千さんがインコに何か話しかけている。なんだこの光景は? CGか? 夢か? 異様だが観ていてとても微笑ましい。

2羽のインコは千さんの歌の邪魔をせずに最後までおりこうさんだった。放送終了後に『千昌夫　インコ』で調べると、千さんは愛鳥家でたくさんの鳥を飼っていて、両肩に乗っていたのはそのなかのシロハラインコとヨウムという鳥らしい。千さんは今回だけでなく最近ではたくさんの愛鳥たちと共演する機会が多く、『徹子の部屋』にも愛鳥たちと出演している。

とてもいいモノを観させていただいた私は眠ってしまい夢を見た。人の夢の話はつまらないのが通説だが、とても興味深い内容だったのでココに紹介したい。

千昌夫は朝起きていつものように発声練習を行った。

「あっぷぅ、春なのにシバれるねぇ。よし、発声練習をやるぞ。じらがばぁ～、アレ?

ダメだ声が出ない！　熱は平熱で喉に痛みもないし、きのうは本番に備えて酒も飲まずに早く寝たのになぜだ？　今日はテレ東の歌番組の本番なのにどうしよう？　こんな大変なご時世だからこそ歌の力で全国のみなさんに元気を届けなきゃいけないのに俺は何をやってるんだ！　俺の歌手人生もココまでか。今日の仕事はキャンセルして事務所の社長に引退する事を告げよう……」

「千サン、ボクタチに任セテ」

「誰だ？　姿を見せろ！」

「ボクダヨ。シロハラインコだよ」

「シロハラインコのシロちゃんかい？」

「ソウダヨ」

「ボクもイルヨ」

「ヨウムのヨウちゃんまで！　いったいどうしたんだい？　ご飯の時間はまだだよ」

「ゴハンガ欲シイワケジャナクテ、千サンガ心配デ声ヲ掛ケタンダヨ」

「ありがとう。サンキューベルマッチョだよ。でも俺はもうダメなんだ」

「ナニ弱気ナ事ヲ言っテルンダヨ、千サンノ歌手人生はマダ始マッテモイナイヨ！」

「ヨウちゃん……」

「千サンノ声ガ出ナイノハ『皆ノ為ニ頑張ラナイト』と気負いスギテルからダヨ」

「そうなのかい？　シロちゃん」

「ミンナ、千サンガ思ってイルヨリ強イヨ。人間モ鳥モ他ノ生き物モ。ダカラ自分一人デ背負ワナイデ。明日ニハまたイツモノヨウニ歌エルヨ」

「ヨウちゃん、明日じゃダメなんだよ。今日本番なんだよ！　あーどうしよう」

「ダイジョウブ。ボク達ガ千サンの代ワリに歌ウヨ」

「今マデ僕タチヲ可愛ガッテクレタ恩返シダヨ。今日ハ、ボクタチガ千サンノ肩ニ乗ッテ歌ウヨ」

「俺の代わりってことは口パクって事だろ？　シロちゃんもヨウちゃんも俺のマネをできるのかい？」

「モチロン。『アップゥ、シバレルネ〜』」

「ヨウチャン、ソレハ千サンのマネをするコロッケサンのマネダヨ」

「イッケネェ（笑）」

「（こうなったら鳥さんたちに賭けてみるか）」

　千昌夫は鳥を連れてテレ東へ。本番が始まり司会者が紹介すると『北国の春』の前奏が流れ始め、ステージへ。

「シラカバ〜アオゾ〜ラ」

　シロちゃんとヨウちゃんの歌声は千昌夫にそっくりだが、千昌夫のステージを揺るがすような声量には届かない。これがプロとアマ、いや、プロと鳥の違いだ。

「ミンナ、千サンノ為ニチカラヲ貸シテ！」

　2羽がそう念じると鳥たちの大合唱が始まった。

「（この歌声は家にいるハズの他の鳥たちの声！　あっ、この声はテレ東の軒先に巣を作っているツバメさんと電線に止まっているスズメさん達の声！　おっ、この歌声は共演者の新沼謙治が飼っている鳩だ！　なんだ、このプロ顔負けの歌声は？　これは鳥羽一郎の声、ってバカ野郎、鳥羽ちゃんは苗字が鳥っぽいだけで人間だよ！　でも嬉しいよ。皆ありがとう。俺、歌を辞めなくていいんだね。サンキューベルマッチョだよ！）」

　ココで私は目が覚めた。

KAMINOGE LISTEN TO POWER HALL

長州邸の開放的なテラス（通称ハワイ）で
プールに入ってジャブジャブインタビュー!!
（一部ギスギス）

収録日：2020年5月12日
撮影：タイコウクニヨシ
聞き手：井上崇宏

長州力

with
孫のユウシン

ほ～らユウシン！ ハワイやで～、ハワイやで～！
ユウシンもプールに入るか？ 来るか？ 来るか？
よ～しユウシン！ 見てろよ～～！
ジェットコースターをやってやるから！
こら、シャワー係！ 水かけてくれ！

「うわぁ、ワニに食べられたぁ！　山本！　ほら、うしろからシャワーをかけて！」

長州　おおっ、〝ハワイ〟へようこそ～～！

――ハワイですか、ここは。

長州　あ？　住めば都、ハワイだと思えばどこだってハワイだろう。俺、最近はもうずっとここ（自宅テラス）にいるね。今日は天気がよくて最高だよ。山本、いいTシャツ着てるね。それ、なんのやつ？

※あらためて説明しよう。長州さんは長年、聞き手の井上のことをどこでどう間違えたのか、ずっと〝山本〟と呼んでいるのだ!!

――えっ？　これは（「ヤバイ！　ターザン山本！のTシャツを着てきてしまった……!!」）なんですかね？　ちょっと意味もわからず着ていますけど……。

長州　ふうん。いいイラストじゃん。ひょっとしてそれもゴキ先生（五木田智央）が描いたの？

――あっ、そうですそうです。

長州　（含み笑いを浮かべながら）前にさ、俺が描いた会長（アントニオ猪木）の似顔絵、ゴキ先生が見てなんて言ったんだっけ？

――えっ？　ああ、「なんて迷いのない線だ」と言ってましたね。

長州　か～～っ！　完全に見切ってるな、ゴキ先生は。そうかそうか、俺の描く線は迷いがないか（にっこり）。さあ、ちょっとプールに入ってもいい？

――えっ？　ああ、どうぞどうぞ。このプールは買ったんですか？

長州　そう。孫に遊ばせてやろうと思って（と言ってパンイチになってシャワーを浴び始める）。

谷ヤン　（小声で）ちょっと、そのTシャツはまずいですよ……。

※あらためて説明しよう。「谷ヤン」は長州さんに10年以上虐げられてきた古参マネージャーであり、谷ヤンのスマホの画面はもう3年以上もヒビが入ったままなのだ!!

――すいません。来る途中までスウェットを着ていたんですけど、暑くて脱いじゃったらこれだったんですよ……。

谷ヤン　バレなきゃいいですけどね……。

長州　（プールの中でドカッと腰を下ろしながら）お～い、山本！　うしろからシャワーかけてくんない？

――あっ、はい。

谷ヤン　すみません。ちょっと付き合ってあげてください。

長州　いやあ、気持ちいいな！　おまえらも入れば？

――いえいえ、そんなとんでもないですよ。

長州　とんでもないっておまえ、なんだよ、俺がとんでもないことをしてるとでもいうのか？

――まったくそういうつもりはございません。

長州　（自らワニの口に頭を突っ込み）うわぁ、ワニに食べられたぁ！　山本！　ほら、うしろからシャワーをかけて！

――あっ、はい。

長州　うわぁ、前からワニ！　うしろから水責め！　これは地獄だぁ！

――…………。

長州　（立ち上がったかと思えば正座になり）今日はハワイへようこそ（ペコリ）。

――あ、あの、長州さん！　どうしちゃったんですか!?

長州　（聞かずに）ハワイにいらっしゃいませ！（ペコリ）。ハワイにいらっしゃいませ！（ペコリ）。ハワイにいらっしゃいませ！（ペコリ）。

「おまえらもパンツ一丁になってもいいんだぞ？誰も入ってきやしないんだから」

――…………。

長州　あー、たのし。そうだ山本、そこのCDかけてくれ。ボタンわかる？

――あっ、はい。これ、中にCDが入ってるんですか？

長州　ああ、入ってる。ちょっとかけて。

（スイッチオン）

――これは近藤房之助さんですか？

長州　そう。最近、俺は毎日これを聴いてる。もっとボリューム大きくして。このCD、20年くらい前からずっと持ってたんだけど、開けずにアレして（聴いて）なかったんだよ。近藤さんはカッコいいよねえ。

――近藤房之助さんと面識あるんですか？

長州　あ？　1～2回会ってやりとりしたことあるんだよ。俺、一緒に飲んだんだから。そのときにこのCDを持ってきていただいて。下北沢あたりのそういうお店で、ライブっぽいことをやってるって聞いたことがあるけどな（とプールから上がる）。

――ライブを聴いたわけではなく、ライブっぽいことをやってるって聞いたんですね。

長州　あ？　山本さ、今度ハワイに来るとき、手ぶらで申し訳ないなと思ったら、なんでもいいから缶ビールを買ってきてくんない？

――えっ？　ああ、全然いいですけど。

長州　クーラーボックスに入れておいてさ、みんなで飲もうよ。もうちょっとボリュームを上げてもらってもいい？　ああ、

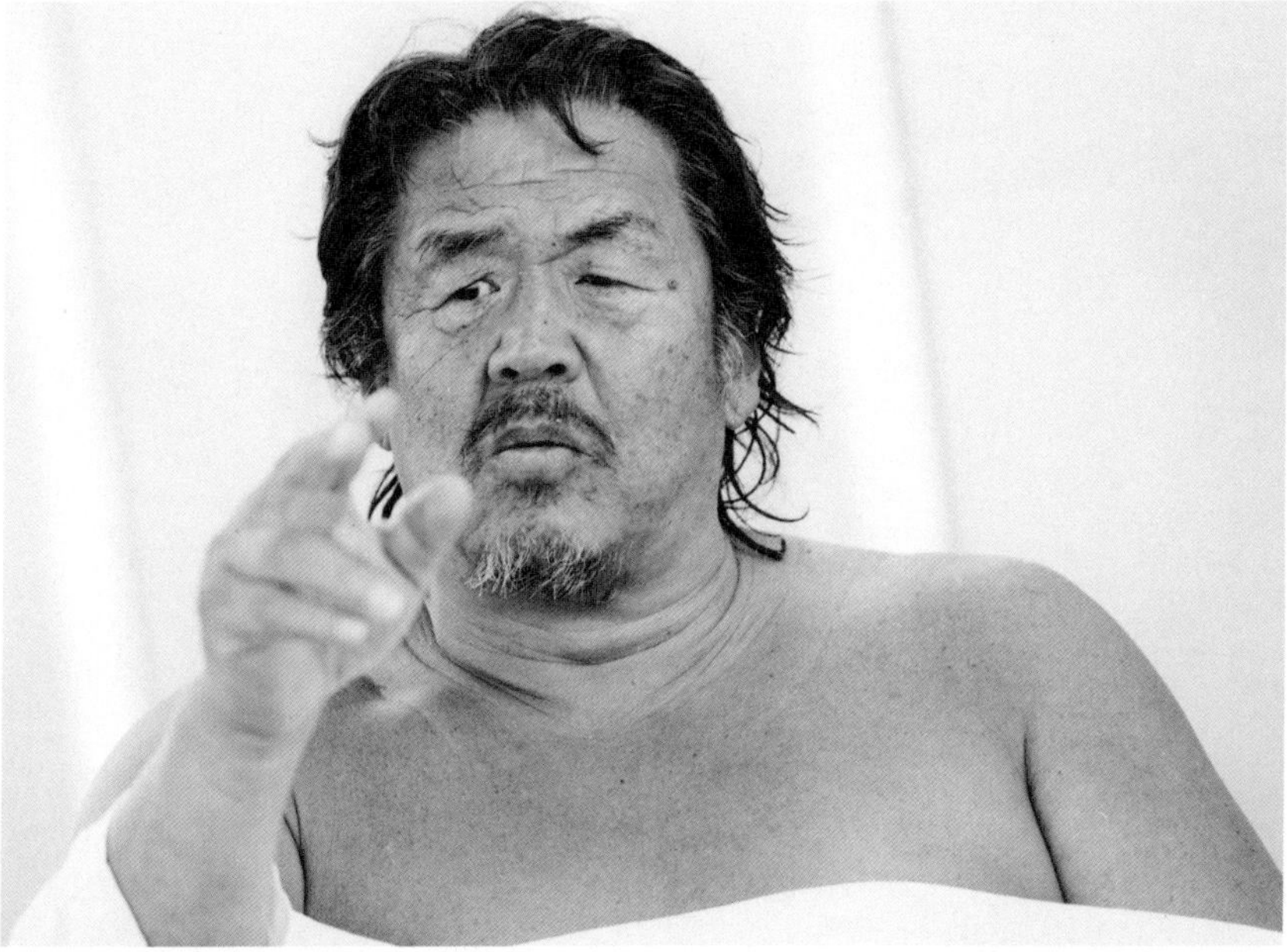

それくらいで。おまえらもパンツ一丁になってもいいんだぞ？ ウチだから気にしないし、誰も入ってきやしないんだから。まったるいよねえ。あっ、俺はビール飲んでもいいの？

――どうぞ、どうぞ。もちろんですよ。

長州　おい、早く言ってくれよ〜。じゃあ、飲んじゃおっと。

（プシュッと缶ビールを開けてグビグビ飲み始める）

長州　さあ、今後の日本経済について語るか？　って語らねえよ！（グビグビ）。

――長州さんって、じつは昔からこんな感じの陽気な人だったんですか？

長州　…………（グビグビ）。

――いえ、凄く興味がありまして……。もともと陽気な性格だったのに現役中はそれを隠していらしたのかなと。

長州　でも、まあ意外とまわりのみんなが固くしたかもわかんないね。

――長州さんのイメージをですか。

長州　俺はどっちかと言えば軽く生きていきたい。軽く人生を歩んでいきたいんだ。

――でも、それは卵とニワトリどっちが先かって話ではないですか？

長州　あ？　ああ、そうだよな。

――長州さんがまわりを固くさせたのか、まわりから固くさせられたのかっていうのは。

長州　でもやっぱり俺は根底でスポーツが好きだからさ。高校、大学とアマレスをやってきて、大学じゃずっとアレ（寮）で生活じゃん。アレにちょっと人間を変えられたよな。

――専修大学での4年間で。

長州　それで今度プロレスの世界に入って、アメリカに行ったらトランプ（タイガー服部）に人間を変えられたんだよな、ほんっとに（グビグビ）。

――多感な時期に、専大レスリング部からのタイガー服部さんですからね。

長州　そういえば4〜5日前に正男（タイガー服部）もここに来たんだよ。14時くらいに来て、22時くらいまでずっと酔っ払いやがって。

――このテラスでふたりきりで飲んでたんですか？

長州　そう。天気がよかったからな。もちろん間に3メートルの距離を作ってだぞ？　半蔵（タイガー服部）もニューヨークに帰れなくなっちゃったからずっと日本にいて、たまに電話があるんだよ。それで「来る？」って聞いたら「行きたい！」って言うからさ。正男も孫が生まれたのに帰れないんじゃかわいそうだなと思って。

「業界から距離が開いてきたっていうことでどんどん気がラクになってるよね」

――服部さんのお孫さんはどちらに住んでいらっしゃるんですか？

長州　普段はニューヨークだよ。でも、いまはニュージャージーのほうにみんなで避難してるらしいけどな。そういえばニューヨークはやっぱり白人とアジア系とモメだしてるよな。ニュースで観たけど、黒人の若いヤカラっぽいのがフードをかぶってさ、バスに乗ってるアジア系の女のコに笑いながら話しかけていったかと思えば、いきなり跳び上がって顔面をバーンと蹴ったからな。

――ええっ！　それは映像で観たんですか？

長州　映像！　俺はビックリしたよ。だからニューヨークは拳銃が販売できないんだけど、拳銃もよく売れてるって。そのTシャツ、うしろもなんかデザイン入ってんの？

――えっ？　いえ、入っていないと思いますけど……。

長州　入っていないと思いますっておまえ、入ってるのか、入っていないのか、どっちなんだよ？（笑）。ちょっとうしろ見してみ。

――長州さん、どうして今日はそんなにボクのTシャツに注目してくれるんですか?

長州　いや、ゴキ先生の描く線がどんな感じなのか、見てみたいだけだよ。で、ゴキ先生、俺の絵を見てなんて言ったんだっけ?

——えっ? いや、だから「なんて迷いのない線だ」と……。

長州　か～～っ! たまんないね、そこまで見切られちゃうと(ニコニコ&グビグビ)。

——……。さっきのもともとの性格の話ですけど、やっぱり去年リングを下りられたことが大きいですかね。ツイッターでのあの感じとかっていうのは。

長州　それも一理あると思う。リングというか業界から距離が開いてきたっていうことで、どんどん気がラクになってるよね。もうそんなにかまえることもないし。

——その距離というのは、日ごとにどんどん開いていく感じですか?

長州　日ごとに……? それは山本の感想で書けば? 日ごとによって俺がどうなってるかなんて、自分で自分を毎日観察して、その経過をしゃべるってことが、おまえ、どれほど難しいことか(グビグビ)。

——それはそうですけど……(笑)。

長州　そうやって山本はいつも笑ってるだけ! たまに谷ヤンとふたりで話すときがあるんだよ。「山本っていつも笑ってばっかだよな。それでテープにアレ(録音)してるけど、アイツの笑い声しかアレ(収録)してないから何も書けねえんだよ」って。

——いやいや、ちゃんと記事になっていますから……(笑)。

長州　おまえはちょっと笑いすぎだろ。ちょっと場を焚きつけるような笑い方だよ。ちょっと固くきてみてくんない?

——じゃあ、固く……固い感じでいきますよ? 長州さんはあこがれた有名人とかいるんですか?(キリッ)。

長州　おまえ、ふざけてんだろ!?

——ふざけてないです!(キリッ)。

長州　あこがれた有名人だあ? 急にわけのわからないことを……。そんなのいないよ。いなくもないとは思うんだけど、いまパッと出てこないよ。

——たとえば石原裕次郎さんとか。

長州　まあ、テレビとか映画を観ていて「いい役者さんだな～」って思うことはあるけども、その人にあこがれて俺もそういう世界に入りたいとか、そういうのはまったくないよ(グビグビ)。

——プロレスの世界も食うために入ったっておっしゃっていますよね。

長州　そう。それは間違いない。

——だから、あこがれたものだったり、人がいないんですよね?

長州　野球の世界とかに入ってみたいっていうのは、それはちっちゃいガキの頃の話でさ。そんなことはガキってみんな思うことじゃん。それと同じですよ。あと俺は海が好きだから、それもちっちゃいときの発想だけど、船なんかに乗って海に出て、魚を捕まえて暮らしたいなとか、そんなのだよ。いまでもNHKとかでさ、綺麗な川とか海で漁師さんたちのアレ（仕事）を見ていると、「うわー、行きてえなあ！」って思うんだよね。四万十川で漁師さんがウナギを獲ったりしているのを観ていると心が休まるよね。

「いやあ、三又はちょっと無理だわ。でも俺ね、ひとつだけ三又のいい部分を知ってるんだよ」

――じゃあ、ちょっとだけ漁師にはあこがれていたと。

長州　まあ、大都会に出て大出世しようなんて思ったこともないからな。（腕を振り回しながら）コレ（プロレス）も食うためだったもんな。俺、オリンピックに出たのが大学3年じゃん。まあ、あまり重要視はしなかったけど、みんな3年生になれば就職活動じゃん。だからオリンピックが終わったあとは「俺、どうしようかな」ってなったよな。体育寮にいたら2年生は、とっとと3年生には引き継ぎをしてもらって出て行ってほしいって思ってるわけだよ。でも、みんなそう思っていても口では言えないからな。

――そうでしょうね。

長州　それでずっと寮にいたら、（腕を振り回しながら）コレに行けって言われて入ったんだけど。

――レスリングはオリンピックに出場した時点で、ある程度の目標は達成した感じですか？

長州　まあ、それは目標にしていたかもわからないね。目標があったからそこまで進んでいけたっていうか。「何をやっても出れませんよ」っていう状態だったらまったく違った人生を……何をやったんだろうなあ（グビグビ）。

――レスリングで大学に行ってなかったら……おそらくヤクザじゃないですか？

長州　そういうことをハッキリとした口調で言うな。「ひょっとしたら背中にワッペンを貼っていたかもわかりませんね」って言えよ。まあ、それは貼ってたかもわかんない。

――そうなったら山口の隣の広島にでも出ていましたかね。

長州　そういうことを言うな。日本は高度経済成長時代で上り詰めてたけど、意外と東京に出て行くっていうヤツはあまりいなかったんだよ。東京に行くヤツっていうのは勉強がけっこうできるヤツで大学進学でとかな。みんな行って関西までだよ。大阪が多いよ。東京で山口県出身の人間とはなかなか出会わないよな。

――いまの長州さんにとって、芸能のお仕事っていうのはどういうふうな捉え方ですか？

長州　やっぱり食べるため、生活することが第一だし。ただ、プロレスのときみたいにそんなにバカでかいものはもういらないんだ。こういう時代だから、どっかに田んぼでも買ってそれを駐車場にしてさ、孫とふたりで駐車場管理でもしたいよ。それで、ちょっと端っこのところでちっちゃい蕎麦屋でもやって。「おい、腹が減ったからおにぎりと蕎麦を持ってこい」って孫に言ってさ。

――お孫さんはそういう生活、嫌がりそうですね！（キリッ）。

長州　そういうことを言うな。

――でも真面目な話ですが、昨年お孫さんが誕生したのは長州さんのなかでデカかったんじゃないですか？

長州　ああ、それは大きいな。でも家族が増えたときって大人はみんなそうなんじゃないか？

――長州さんがいちばんしんどかった時期っていつですか？

長州　あまりそういうのは感じない。まあ、どういう生活であろうがメシが食えてたら。欲を出せばキリがねえじゃん。しかし山本、おまえの仕事はラクそうでいいよなあ。

――なんてことを言うんですか（キリッ）。じゃあ、長州さんも雑誌を作ってみるっていうのはどうですか？　長州力責任編集で。

長州　あ？

――『月刊揶揄』とかいいですけどね（笑）。

長州　いや、活字はないな。俺についてるファンたちはそういうのには触らないって。まだ意外と写真集とかのほうはありだと思うけど。

――長州さんが写真集ですか（キリッ）。

長州　おまえ、ひょっとして笑いをこらえてる？

――こらえていません（キリッ）。

長州　テレビの世界もまったく慣れないいし。あっ、そういえばこないだのアレ（ABEMA特番『長州力を笑わせろ！』）。芸人たちが動画でネタを披露し、それを長州が観ておもしろいか、おもしろくないかをジャッジする番組）、三又（又三）の野郎はあいかわらずつまんなかったな（ギスギス）。

――生放送で長州さん、怒っていましたね。

長州　昔、アイツの店で勝手にボトルをキープさせられて16万取られたって話、マジだからな。谷ヤン、あの野郎から連絡あったか？

谷ヤン　しょっちゅうありますよ。あの番組で長州さんが怒って以降、不安に陥ってるらしくて（笑）。

長州　いやあ、三又はちょっと無理だわ、俺。いやー、ホントに。アイツには気もつかえないし、かわいそうだとも思わないんだよ。でも俺ね、ひとつだけ三又のいい部分を知って

るんだよ。アイツ、声だけはいいと思わない？

——ああっ、声はいいですよね！

長州　だよな？　アイツ、自分の醜い姿はさらさずに声優かなんかの仕事をやればいいんじゃねえかと思うんだけど。まあ、プロの声優さんに失礼な話ではあるけど。

——たしかに声はいいですもんね。だから電話だったら会話も楽しいんですよ。

長州　俺もあの声は嫌いじゃないもん。人間がダメなだけだから。

「あ？　山本、それ（Tシャツ）ひょっとしてターザン山本……？　おまえ、そうなの？」

——声帯だけがいいって悲しいですね（笑）。

長州　いや、あの声は武器だよ。やっぱり神はどんな人間に対しても生きていけるように何かを与えているんだよな。こないだ、なんかの本を読んでて「ああ、おもしろいな」って思ったのがあって、「もしバカに与える罪があるなら、おまえは終身刑だ」っていう。あれは見事な言葉だよ。だから「もし三又に与える罪があるなら、おまえは終身刑だ」って。（突然、家の中に向かって）ママー！　ユウシンはもう起きてる？

——あっ、お孫さんが来てるんですか？

谷ヤン　いま、ここで預かってるんですよ。あっ、長州さん、起きてるみたいですよ。

長州　おっ、起きてる〜？　連れてきて〜〜！

（ユウシンくんがやってくる）

長州　おおっ、ユウシン！　山本、ごめん。ちょっともう1回プールに入るわ。

——あっ、どうぞどうぞ。

長州　（自分だけプールに飛び込んで）ほら、ユウシン！　ハワイやで、ハワイ！　ほら、笑ってるけど、入りたいのか、入りたくないのか！　ユウシン！　ほら、ユウシンも入るか？　来るか？　来るか？　よ〜し、ユウシン！　見てろよ〜。ジェットコースターをやってやるから！　こら、シャワー係！　水かけてくれ！

——あっ、かしこまりました！

長州　ほら、ユウシン、見てろよ〜！　これがハワイのジェットコースター！　見た？　見たか？　はい、ハワイのジェットコースター！　ユウシン！　おい、ワニに頭を噛まれたぞ！　こら〜〜〜！　ユウシ〜〜ン、助けろ〜〜！

——（ホースの水をかけながら）…………。

長州　よ〜し、ハワイは終わりっ！　ママー、風邪をひいちゃうから早く中に入れてあげてー。じゃあねー、ユウシ〜〜ン！

（ユウシンくん、室内に戻る）

長州　（一気に落ち着いて）はい、山本、CDかけて。

——あっ、はい。

長州　あれ？　山本、やっぱ背中にもなんか描いてあんじゃん。

——えっ？　あっ、なんか入ってます？

長州　あ？　山本、それひょっとしてターザン山本……？

——えっ、いや、違います、違います！　というか誰ですか、それは？

長州　でも「TARZAN」って描いてあるけど。はあ～、もういっぺんに冷めたよ。おまえ、そうなの？

——そうじゃないです……。

長州　谷ヤン、「TARZAN」って描いてあるよな？

谷ヤン　いや、でもこんなにハゲあがってますか？

長州　アイツ、ハゲあがってるよ。

谷ヤン　いや、ランディ・サベージだと思います。山本さん、そうですよね？

——たしかランディ・サベージです。

長州　じゃあ、なぜ「TARZAN」って描いてるんだよ？

——そんな文字とか入ってますか？

長州　谷ヤン、おまえも読んでみろよ。

谷ヤン　「TARZAN」とは描いてありますね……。

長州　山本、どういうこと？

——いえ、どうやらこれは「TENZAN」って描かれていますね。

谷ヤン　ぷっ！「TENZAN」ではないでしょ（笑）。

（ここで家の中からまたユウシンくんがよちよちとテラスに歩いてくる）

長州　おおっ、ユウシ～～ン！　ハワイか!?　ハワイか!?　行くか!?　行くか!?（と言ってまたプール遊びに向かう）。

谷ヤン　完全に命拾いしましたね……。

——いまのうちにお先に失礼させていただきます……。

長州力（ちょうしゅう・りき）
1951年12月3日生まれ、山口県徳山市（現・周南市）出身。プロレスラー。
専修大学レスリング部時代にミュンヘンオリンピックに出場。1974年に新日本プロレスに入団し、同年8月にデビューを果たす。1977年にリングネームを長州力に改名。メキシコ遠征後の1982年に藤波辰爾への噛ませ犬発言で一躍ブレイクを果たし、以後、“革命戦士”のニックネームと共に日本プロレス界の中心選手となっていく。藤波との名勝負数え唄や、ジャパンプロレス設立からの全日本プロレス参戦、さらに新日本へのUターン、Uインターとの対抗戦など、常にプロレス界の話題のど真ん中を陣取り続けた。2019年6月26日、後楽園ホールで現役ラストマッチをおこなった。

鈴木みのるのふたり言

第83回

お告げ

構成・堀江ガンツ

――ここ『パイルドライバー』に来るために、約1カ月ぶりに原宿・表参道と明治通りを歩いてきましたけど、このへんのお店はほぼ閉まっているんですね。

鈴木　店は閉まってるけど、これでも歩いている人は増えたほうだよ。4月なんて原宿が完全にゴーストタウンだったから。そこから少し人出が戻ってきた感じかな。

――たしかに電車もさっき山手線に乗ってきたら、2週間ぐらい前はガラガラだったのが、だいぶ乗車率が上がってましたから。

鈴木　緊急事態宣言って、当初は5月6日までだったじゃん。ちょうどGW最終日までだから、緊急事態宣言が延長されても、5月7日からは仕事再開っていうところが多かったんじゃないかな。

――会社なんかはそうでしょうね。でも、このへんのお店は営業再開をしないで自粛を続けてるんだなと思って。

鈴木　原宿の中でも、このへんは大手の会社がやっているファッションブランドの店がほとんどでしょ。

――立地的に資金がないと、大きな店は出せないですもんね。

鈴木　大手は反応が早かったよ。もう3月の時点でババーッと閉まり始めて、あっという間だったね。ウチも閉めようかどうか迷って、会計士さんに国の休業補償とかぜんぶ調べてもらったんだよ。

――前もうかがいましたけど、『パイルドライバー』は該当しなかったんですよね？

鈴木　そう。該当しないし、不確定要素がたくさんあると。だから一切そういうものには頼るのやめようと思って、自分で考えてできるかぎりのことはやろうと。だから毎日ここにいますよ。通販の発送作業をやったりとかね。多いときは1日で100件とかあるからさ。いままでお店での販売が7割、残り3割がネットショップだったんだけど、いまは9：1くらいでネットショップになっていて、それでいて総売り上げ額は維持できてるからね。

――落ちてないのは凄いですね！

鈴木　ネットショップでイベントをガンガン仕掛けてるんで。大手のプロレス団体もネット販売をやってるけど、仕掛けのノウハウとかはみんなやったことないからわかってないんだよね。でも俺はネットショップを始めてからもう10年だから。

――もともと実店舗は持たずに、ネットショップからのスタートでしたもんね。

鈴木　始めたばかりの頃、どうやったらネットショップに人が来てくれるか、その宣伝方法を考えてて。俺のブログの最後にかならず広告を載せてたんだよ。アクセスさせようと思って。

――鈴木さんのブログに毎回『パイルドライバー』のバナー広告をつけていたと。

鈴木　ブログで商品を説明をして、最後まで読むとクリックしたらネットショップに行けるようにしようっていうところから始まって。そのうち「ネットショップでイベントを起こせないか？」と思って、たとえばいま履いてるこの靴が限定1個とかね。じゃあ、どうやって売るか。それがゲリラ販売で、たとえば「○月○日に発売！新商品はこれ！限定1個！ただ何時に発売するかわかりません」っていう感じ。

――時間がわからないから、何度もクリックしなきゃいけないわけですね。

鈴木　そうするとアクセス数が凄くて、運がいい人がその1個をゲットできるという。そんなことを初期はやってたんだけど、その原点に立ち返ろうと思ってね。『パイルドライバー』っていう会社は俺と佐藤光留でやってるんで、ふたりでアイデアを出しあって。Tシャツを買ってくれた人にはサインとメッセージを入れた非売品のポストカードをつけたりしてるんだけど、それが好評でね。

――そういう施策というのは金銭的な部分もそうですけど、「活動を止めない」ということ自体が大事だったりもしますか？

鈴木　いやいや、これはハッキリと金銭のためだよ。俺は団体と年間契約をしてて、給料を保証されながら自宅待機しなきゃいけないっていう状況でもない。試合がない＝0円なんで。できる・できないは別として、とにかく生きていくしかないんで。だからこういう状況になる前と、自分の生活のどこが変わったかっていうと、試合に行く行かないかぐらいしか違いがない。あとは一緒。トレーニングをして、お店を営業して、新商品のデザインをして、みたいなのはこれまで通りだから。

――巡業の間隔がしばらく空いてしまった、ぐらいの。

鈴木　その間にいまだからできることをやってるんで。これが子どもだったら「遊びに行けなくてつまんない」って文句言ってるだけで親がなんとかしてくれるけど、俺は自分で生きていかなきゃいけないから。まあ、そういう文句ばっかり言ってる子どもみたいな大人も多いけどね。

――試合から離れていることで、何かいろいろ考えることはありますか？

鈴木　うーん、極論を言えばそんなには焦ってないから。ジタバタすることもない。

――新日本も無観客試合を検討中っていうアナウンスがありますけど。

鈴木　わからないです。俺は新日本の選手じゃないんで、出た結論に自分が乗れるときに乗るだけ。新日本がそういう決断をして、それが乗れるものであれば乗るし、それだけの話なんで。試合のことや今後のことはもちろん考えてはいるけれど、いまを生きることに必死で不安になってるヒマがないっていうのが正直なところ。トレーニングしながらネットショップの売り上げを見て、じゃあ明日はどうやってお金を生み出すかっていうのを考えながら1日が過ぎていくんで。逆にやることが満載すぎてヒマな日がいまのところ1日もないかな。

――プロレス界の今後についてはどうですか。興行を再開しても、これまでのように超満員の観客を入れて試合をするっていうのはちょっと先になる気がしますけど。

鈴木 そこも俺自身はどうこう考えてない。それを考えるのは俺じゃなくて興行主なんで。

――鈴木さんは今回の新型コロナウイルスの世界的蔓延が起こる前から、何度か無観客試合の経験がありますけど、無観客をやってみた感想はいかがですか?

鈴木 一緒だよ。

――お客がいるもいないも一緒ですか?

鈴木 一緒じゃないけど一緒だよ。

――歓声があるのとないのとでは、だいぶ違うんじゃないかと思うんですけど。

鈴木 だからそこが一緒じゃないけど、俺がやることは一緒だよ。ぶっ飛ばして、ぶん殴って、勝つっていうことをするわけだから一緒です。

――でも、その殴り方、ぶっ飛ばし方もこれまでは観客を意識してのことだったわけですから、そういう部分ではだいぶ変わってくるんじゃないですか?

鈴木 だからね、いつの間にかプロレスの価値観というものについて、観ているお客も、やっている選手たちも、仕切っているプロモーターも「なんか勘違いしてるんじゃねえか?」って思う。客を沸かせる、盛り上げるっていうのは、相手に勝つっていう前提のもとにやることであって、「その前提をおまえら、忘れてねえか?」っていう思いが俺にはあるけどね。

――盛り上げることが第一でリングに上がるんじゃなく、闘って勝つためにリングに上がるんだろうと。

鈴木 勝ちたい者同士がぶつかって、どちらが勝つのかを見せていくものであって、勝ち負けが関係ないなら勝敗をつける必要もない。もしレスラーでそんなことを言うヤツがいたら、「じゃあ、全部負けろよ」っていう話なんで。なんか価値観がおかしくなってる。「プロレスのおもしろさは、そういうところじゃないんだ」っていうロジックみたいなことを、格闘技との差別化として使ってるうちに、なぜか自己弁護のための言葉にすり替わってるんだよ。

――〝勝ち負けを競っている〟という大前提から逃げる詭弁になっているというか。

鈴木 格闘技とプロレスは同じものではないけど、勝ち負けを競っているという大前提を抜かしたら、プロレスがプロレスじゃなくなる。レスラーが「プロレスは勝ち負けじゃない」なんて言ったら終わりだよ。勝つためにリングに上がってるんだから。

――観客を沸かせるという、本来付帯してくるもののほうが大前提になってるというか。

鈴木 そう。プロレスは〝観客を楽しませる〟という部分が、ほかのスポーツよりも圧倒的に広くて大きいから、そっちばかりに目がいって、そもそもの目的を忘れちゃってる。こんなことを言うと「プロレスは勝ち負けだけじゃない」とか言われるかもしれないけど、それはもちろん俺もわかってる。でも前提としてはまずそこだっていうことだよね。

――たしかに総合格闘技という競合が現れて以降、〝プロレスにしかない強み〟に力を入れる一方で、根本である勝負論は置き去りにされつつあるかもしれませんね。

鈴木　俺は試合に負けたヤツが「おもしろかった」とか「楽しめた」とか言うのも、何かを間違えている気がする。本当なら勝敗を超えて「おもしろい」「楽しい」と感じられるような試合をする選手って、ほんのひと握りの人間だけだと思う。だけどそれを勝手に〝引用リツイート〟して、自分の言葉のように使ってるだけだってことをレスラーは気づいたほうがいいよ。俺に負けたヤツが「いやー、負けたけど楽しかった」とか言ったら、「殴り足りねえのかな？」と思って、控室まで殴りにいくよ。

――相手が楽しいと思えなくなるまで殴る（笑）。

鈴木　何百試合もやってたら、一度くらいは「負けたけど楽しかった」みたいな気持ちになることがあるかもしれない。でも実際はそんなことはめったになくて、「おまえら、勝手に格闘マンガの主人公になった気でいねえか？」って。本来、勝ち負けっていうのは残酷なものだし、だからこそ大衆を惹きつけるものでもある。それを俺たちは見せてきたわけだけど、まあ、わかんねえヤツはそれでいいや。俺の位置まで来られなかっただけだから。

――とにかく無観客だろうがなんだろうが、相手をぶっ飛ばして勝つ、鈴木みのるのプロレスを見せる、ということですね。

鈴木　なに、まとめに入ってるんだよ（笑）。まあ、そういうこと。そんなことより、こないだ夢で〝お告げ〟みたいなことがあったんだよ。

――なんかツイッターでつぶやいてましたよね。

鈴木　なんの夢か憶えてないんだけど、誰かが俺に語りかけてきた言葉があって、それを言われてハッと目が覚めて「うわっ、夢だ……」と思った瞬間に携帯を取って、夢の中で言われたことをメモしたんだよ。

――iPhoneにメモしたわけですか。

鈴木　そう。ちょっと読み上げると、「未完で未遂、これが世の中の大多数。どんなにがんばってもここまでしか行けない。そのなかのごく一部がたどり着くその先、それが完成、遂行、成功。ここに行けるのは極端に少ない、ごくまれに行けるところであり、これを〝夢〟という。みんなはそこに向かおうとすることすらバカバカしく思っている。誰も行けないから。だから言い訳をしながら生きる。行けなかったことを正当化する。〝俺は間違ってないんだ〟って。だって〝行けないでしょ〟〝無理でしょ〟って、その他大勢の未完成者、未達成者、未成功者が言う。そしてそこに行けたヤツはこれをいっさい言わない」っていうのをどこの誰かわからないけど俺に言ったの。これ、時間を見て（と、メモ画面を見せる）。

――あっ、たしかにメモをした時刻が5時42分になってますね（笑）。

鈴木　「これは記憶のあるうちに書きとめなきゃ」と思ったんだよね。

――潜在意識が自分に語りかけてきたってことですかね。

鈴木　よくわからないけど、これは俺が佐藤光留とかロッキー川村なんかに話している内容とかぶる部分もある。でも、なんか俺に必要な言葉のような気がしてね。まだ俺も未完で未遂ってことだな（笑）。

話題沸騰の新連載・第２回！
プロレスをもっと深く観る!!

斎藤文彦×プチ鹿島

活字と映像の隙間から考察する

プロレス社会学のススメ

撮影：タイコウクニヨシ　司会・構成：堀江ガンツ

第２回

ＷＷＥ史から学ぶ〝社会集団〟としての組織論

新型コロナウイルスの世界的な感染拡大により、依然プロレス界は動きを大幅に制限されている。

しかし４月中旬になって、アメリカフロリダ州は「重要なビジネスである」とみなし、ＷＷＥの大会継続を許可。ＷＷＥは無観客ながらテレビ生放送の再開をはたしたことで、ついに小さな一歩を踏み出し始めた。

世界最大のプロレス団体であるＷＷＥは、思えばこれまでも団体の存亡を揺るがすような危機に幾度となく直面してきた。今回は、その危機をいかに乗り越え、現在の繁栄を築いているのか検証してみたい。

「湾岸戦争が起こっている真っ只中に、サージャント・スローターがイラクに寝返ったというストーリーをやって世間はもの凄くバッシングしたんです」（斎藤）

――今回の新型コロナウイルスの世界的感染拡大は、プロレス界にも大きな危機をもたらしていますけど、ＷＷＥってこれまでも数々の危機を乗り越えて今日があるわけじゃないですか。

斎藤　前身にあたるＷＷＷＦの旗揚げが１９６３年ですから、団体としてはもう60年近く続いているわけです。

――ですから今回は「世界最大の団体ＷＷＥがこれまでのさまざまな危機をどう乗り越えてきたのか？」というお話ができたらと思います。

鹿島　フミさんが真っ先に思い浮かぶ、ＷＷＥの危機やスキャンダルというと、何になりますか？

斎藤　やはり90年代前半の「ステロイド問題」とその裁判でしょうね。これは米司法省が立件し、ビンス・マクマホンが在宅起訴されて、実際にいろんなレスラーや関係者を巻き込んだ公判になりましたから。

鹿島　それこそ団体存亡の危機ですね！
斎藤　ただ、最終的には無罪になったので、いまもビンスが最高権力者として君臨するWWEがあるわけですけど。ステロイド問題はWWEの会社としてのスキャンダルですけど、プロレスというジャンルで考えると、1985年の第1回レッスルマニアで〝業界のタブー〟を犯したことが、そもそも大きな問題だったんですよ。
鹿島　ジャンルの根底を揺るがすようなことをやったわけですか。
斎藤　第1回レッスルマニアのメインイベントは、ハルク・ホーガン&ミスターT vsロディ・パイパー&ポール・オーンドーフでした。『特攻野郎Aチーム』に出演していたミスターTをゲストとして出すだけではなく試合をやらせた。そうすると「プロレスってなんなの？」っていう素朴な疑問というか根本的な命題に当然ぶつかるので、いわゆる〝プロレス村〟の中から「なんてことをしてくれたんだ！」という非難の声が凄くあがったんです。
鹿島　ハッスルが芸能人をリングにあげたり、『力道山メモリアル』（2000年3月11日・横浜アリーナ）で猪木さんがタッキー（滝沢秀明）と試合をしたときのような騒動が、第1回レッスルマニアの時点で起きていたと（笑）。
斎藤　ハッスルから数えると、その時点で20年近く前ですよ。
鹿島　凄いな～。あと以前、フミさんにうかがいましたけど、レッスルマニア4ではすでにドナルド・トランプが絡んでいたという。
斎藤　レッスルマニアの4と5が、トランプ・プラザというドナルド・トランプが経営するカジノホテルで開催されたんですよね。だからプロレスファンは大統領になるはるか前からトランプのことを知っていたんです。
鹿島　大統領選でのトランプの演説を見て、「この感じ、どっかで見たな」と思ったら、WWEにおけるビンスのキャラそのままだったという。
斎藤　実際にトランプは、2007年の『レッスルマニア23』でリングに上がってビンスと闘いましたからね。ウマガとボビー・ラッシュリーに代理戦争をさせて。
鹿島　ビンスもトランプも〝ヅラ疑惑〟があって、負けたほうがつるっ禿げにされるという、最高の敗者髪切りマッチですよね（笑）。大統領選のとき、日本のワイドショーでもさんざんあの映像が使われていましたよ。
――ビンスとトランプの接点というのは、そもそもどこから生まれたものなんですか？
斎藤　まず共通点としては、ビンスもトランプもお父様から引き継いだ事業をバカでかくしたことですね。
鹿島　それがエンターテインメントか不動産かの違いで。
斎藤　そうですね。そしてビンスも不動産は嫌いじゃないし、トランプもエンターテインメントは好きだしっていう共通点もあった。
鹿島　要は波長が合うわけですよね。
斎藤　歳もほぼ一緒だし（ビンスが1歳上）、セレブ同士、友達になったんでしょう。そして1988年、1989年という、日本で言えば〝昭和の終わり〟に、レッスルマニアを2年連続でニュージャージー州アトランティックシティーのトランプ・プラザで開催した。でもトランプ・プラザって、レッスルマニアの会場としてはそんなに大きくないんですよ。本来、数万人規模でおこなうところ、1万数千人収容のアリーナなので。

鹿島　日本で言えば、1・4東京ドームを両国国技館でやるみたいな。

斎藤　そんな感じでした。でも、きっと興行収益的には何万人も入れたのと同じくらい、トランプ財閥からマクマホン・ファミリーに支払われたんじゃないですか。あれでトランプ・プラザが有名になりましたからね。

鹿島　WWEには金銭的なメリットがあり、トランプとしてもレッスルマニアを宣伝媒体にするというメリットがあったわけですね。

斎藤　そうですね。トランプはもともと出たがりの人ですし。

鹿島　あとレッスルマニアは、90年代頭に湾岸戦争を題材にしたこともありましたよね？

斎藤　あれは世間からもの凄くバッシングされました。

鹿島　それこそWWEにとってもひとつの危機というか、スキャンダルになりましたよね。

斎藤　実際に戦争が起こっている真っ只中に、鬼軍曹のサージャント・スローターがイラクに寝返ったというストーリーをやってしまいましたから。

――「サダム・フセインに魂を売った元アメリカ軍人」というキャラクターで（笑）。

鹿島　それも凄いことですよね（笑）。

斎藤　アメリカではプロレスは人気がありますけど、〝たかがプロレス〟と思われている部分もやっぱりあるじゃないですか。だからさまざまな人がいろんな計算違いをして、天下のビンス・マクマホンも戦争のパロディをやってもそんなにバッシングは受けないだろうと判断してしまったと思うんですよ。

鹿島　ある意味、〝プロレスだから〟許されると思ってしまったと。

斎藤　でも世間的に許されませんでしたね。それはたぶん、現代の戦争だったからです。アメリカはベトナム戦争以降も小さな武力行使、武力介入はしていますけど、「暁の開戦」をしたのは対イラク戦争で、あのときはCNNが初めて戦争の実況中継をしたから、映像が生で伝わってきた。アメリカ兵がボディバッグ、つまりご遺体となってアメリカに運ばれてきて、お棺の上にアメリカ国旗が乗ってるのに、同時進行でプロレスがそのパロディを毎週放送していたら「それはねえだろ！」ってことだったと思うんですよね。

鹿島　本当の意味でシャレにならなかったわけですね。

「落ち目のときに読み間違えるというのは、猪木にも共通するところがありますね。海賊男が乱入して暴動が起きたり」（鹿島）

斎藤　だから、当初『レッスルマニア7』はロサンゼルスの5万人以上入るスタジアムで開催する予定だったのが、チケットの売れ行きがピタリと止まってしまったため、1万5000人クラスのインドア会場に急きょ場所を変更したんです。

鹿島　トランプ・プラザでやったのとは、まったく違う意味で小さめの会場になってしまったと（笑）。

斎藤　アメリカ人って、いざとなると凄い愛国心を全面に出すじゃないですか。

鹿島　そうですよね。「パトリオット」という言葉もプロレスで覚えましたから。

斎藤　だから湾岸戦争ネタは、アメリカ人にとってはやってはいけないパロディだったんでしょうね。

鹿島　アメリカのプロレスは、過去の戦争はさんざんギミックに使ってきたわけじゃないですか。日本人レスラーが田吾作タイツを穿いてヒールをやるのも太平洋戦争の残り香であって。ただ、リアルタイムでそれをやってしまうとNGだったという。

――ナチスの亡霊ギミックはよくても、それはダメなんですね。

鹿島　時が経って、亡霊になればOK（笑）。

斎藤　あとはホーガン政権が長すぎて、だんだん人気が落ちてきていた時期でもあったんですね。

鹿島　なるほど。じゃあ、そこに刺激の強い起爆剤を入れようとしたら、読み間違えたと。

斎藤　ビンスはそれ以前からホーガンの人気下降には気づいていた。それもあって、前年の1990年の『レッスルマニア6』では、アルティメット・ウォリアーがホーガンに勝って、新しい時代のチャンピオンになったわけですけど、ウォリアーは半年でコケちゃったんです。

鹿島　思いの外、人気が出なかったと。

斎藤　それでまたホーガンを呼ぶしかないとなって、その人気のテコ入れとして安易に戦争をいじってしまった感はありましたね。

鹿島　単純に〝点〟で見ると「なんで湾岸戦争のパロディなんてやったんだ？」ってなりますけど、線で考えると、なぜビンスが読み間違えたかが見えてきますね。

――落ち目のベビーフェイスを上げるために、ビッグヒールが必要だったという。

鹿島　ただ、ちょっとビッグヒールすぎちゃったという（笑）。

――初期FMWで、大仁田厚がホセ・ゴンザレスに〝刺された〟っていうアングルを作ろうとしてヒンシュクを買ったのと同じですね（笑）。

鹿島　ありましたね～（笑）。

斎藤　あれもブルーザー・ブロディが刺殺されたという、現実の事件の記憶が生々しいから、みんな拒絶しましたよね。

――ビンスも大仁田の失敗に学ぶべきだった、という（笑）。

鹿島　あと落ち目のときに読み間違えるっていうところは、猪木にも共通するところがありますよね。海賊男が乱入して暴動が起きたりとか（笑）。

斎藤　猪木さんも、何をやってもなんとなく空振ってた時期がありましたよね。やっぱり人気が落ちてきたときに慌ててやっちゃうことって、ダメなことが多いんですね。そういう意味では猪木さんが歩んだ道と、ホーガンが歩んだ道は、凄く似ていると思います。

――そしてWWEでホーガン政権が終わるきっかけとなったのが、冒頭に出てきたステロイド事件なんですよね？

斎藤　そうなんです。あの事件がきっかけで、WWEではホーガンに代表されるマッチョなスーパーヘビー級の時代が終わりましたからね。

鹿島　そもそもステロイドは、何がきっかけであれだけ大きな問題になったんですか？

斎藤　ステロイドに関しては、1988年の法改正で医療目的以外で所持をしてもいけないし、処方箋なしに売ったり買ったりすることも重罪になっちゃったんです。

鹿島　法改正があったわけですか。

斎藤　それで実際、NFLのスタープレイヤーや、メジャーリーグのホームラン王なんかでもステロイドを疑われた人はいっぱいいたんです。でも、メディアはなぜかプロレスに来ちゃうんですね。

鹿島　叩きやすいところに来たと。

斎藤　スケープゴートというか、プロレスはどうせ一般の視聴者層からはバカにされているから、叩いてもいいじゃん、みたいな。あとはプロレスは裸のスポーツですから、ホーガンの身体を見ると、「あれがステロイドじゃなくて何が……」という感じにどうしてもなってしまう。

鹿島　ユニフォームを着ている他のスポーツと違って、「見るからにステロイド」みたいに思われがちなんですね。

斎藤　そこからは日本のワイドショーネタと一緒です。WWEでゲイのエグゼクティブにセクハラされたことを告発する元レフェリーが出てきたり、WWEの元スタッフや、デビッド・シュルツのような途中でクビになった選手たち。それから人間発電所ブルーノ・サンマルチノなど、ステロイドが大嫌いな大御所が、1991〜1992年を境にトーク番組にどんどん出演しちゃったんです。「いま明かされる、WWEのバックステージで起こってること」みたいな感じですね。

鹿島　WWEの内部にいた人たちが、告発する側に回ってしまったと。

斎藤　だから司法が動く前に、マスコミにそういうスキャンダルがドバーッと出て、それが2〜3年も続いちゃったんですよ。

「証言台に立ったリック・ルードたちは『ステロイドは打ったけれど、ビンスに言われて打ったんじゃない』と証言したんです」（斎藤）

鹿島　そんなに長く！　とんでもない大ピンチですね。

斎藤　あのスキャンダルには、ザボリアン医師というキーパーソンがいたんです。もともとペンシルベニアの普通のお医者さんで、州体育協会の指定ドクターとして試合会場で選手の血圧とかを測ったりしていたんだけど、その人がプロレスファンだったこともあって選手と親しくなって。レスラーの間で「あの先生のところに行けば、なんでも手に入る」となってしまったんです。

鹿島　処方してくれるぞと。

斎藤　はい。だからステロイドだけじゃなくて、鎮痛剤から睡眠導入剤、抗不安剤と何から何までドンドコ出してもらっていたんですね。それは医師と選手の個人的な関係でのことだったから、おそらくビンスが知らなかったこともいっぱいあると思うんですよ。でも検察やFBI、司法省はビンスまで一直線に行きたいわけですよ。それが本丸だと思ってるから。

鹿島　なるほど。ビンスが主導した、組織的犯罪として立件しようとしたわけですね。

斎藤　それで1994年7月、ビンスは本当に逮捕・起訴されちゃうんです。そこから裁判ですから、スキャンダルが長いんですよ。

鹿島　WWEとしては絶体絶命のピンチですね。

斎藤　ビンスも覚悟を決めたときがあったと思うんですよ。在宅起訴されて裁判が始まると、当時リングに上がっていないロディ・パイパーとかその他の有名選手らも証言者側に回ってしまった。それでビンスと同じくスキャンダルの渦中にいたホーガンも、裁判所の命令に〝ノー〟とは言えないから証言台に立った。それで、アメリカのワイドショーって裁判所にもカメラが入れるので、最高のバラエティになっちゃったわけです。

鹿島　登場人物がみんな有名人という、最高の法廷ショーですよね。

斎藤　ワイドショーとしても、プロレス的なおもしろい画が使いたい放題なので、毎日のようにその話題が続いちゃったんです。

鹿島　その絶体絶命のピンチから、どうやって立ち直ったんですか？

斎藤　「レスラーたちは会社の命令でステロイドを打たされていた」というのが、検察側が見立てたストーリーだったんです。つまりビンスが、違法薬物であるアナボリックステロイドを流通販売した罪に問おうとした。でも、証言台に立ったリック・ルードを始めとした選手たちは「ステロイドは打ったけれど、ビンスに『打て』と言われて打ったんじゃない」と証言したんです。

鹿島　あくまで自分の意志だったと。

斎藤　ただ、検察による証言の引き出し方としては、「でも、その違法なステロイドを打つと、あなたはチャンピオンになったり、スターになったり、収入が上がったりするんでしょ？」と言われるので、それは証言としてはイエスになりかねない。そこが難しかったんでしょう。

鹿島　その因果関係が焦点となったわけですね。

斎藤　でも、検察の見立てにもずさんなところがあったんです。「ビンスに頼まれてステロイドが入った箱をマジソン・スクエア・ガーデンに届けた」という、すでに退職した元WWEスタッフの証言を証拠として突きつけたんだけど、その日付ではMSGで試合はなかったんです。記憶違いで、その日の興行はナッソーコロシアムだったんだけど、そこを間違えたために、その証言は無効になったりとか。

鹿島　告発する側の証言に裏付けが取れていなかった。

斎藤　エミール・ファインバーグというビンスの元秘書の証言も日付やディテールが曖昧だったり、ビンスの悪運が強かったといえばそういうことにもなるし。実際、選手たちはビンスの命令でステロイドを打っていたわけではない。80年代前半はほぼ全員が打ってたんですから。

鹿島　レスラーは社員ではなく、みんな一定期間だけ契約した個人事業主ですもんね。

斎藤　検察としては、WWEが会社としてステロイドを違法に発注して、実際にビンスのオフィスに大量のステロイドが郵送されてきた事実を突き止め、それをビンスと一緒に箱を開けて選手用に小箱に分けたという元スタッフの証言も採用されたんですけど、そもそもビンス本人も自分でステロイドを使用していたと（笑）。

鹿島　まあ、あの身体は尋常じゃないですからね。おかげでビンスは自分用に大量購入して、それを一部のレスラーに分けてあげただけ、という弁解も成り立ってしまうという（笑）。

斎藤　ビンスとホーガンが同じ発注分を共有していたとか、これも本当と言えば本当で。

映画の撮影で1カ月間ロケ地で一緒に過ごしたことがあって、そのときにシェアした箱だったんだろうっていう。

――撮影の合間に、ふたりで一緒にトレーニングをして、一緒に打って（笑）。

斎藤　楽しかったんでしょうね。ビンスもどんどん身体がデカくなるから（笑）。それとホーガンとビンスは凄く仲がよかったんですよ。ある10年間くらいは、親友と言ってもいい関係だった。1984年を境に、これからアメリカでいちばんビッグになっていくスーパースターと、いちばんビッグになっていくカンパニーの社長CEO。レッスルマニアが始まり、プロレスブームだと言われ、我が世の春を共に過ごした親友だったんでしょう。でも90年代に入り、ホーガンの人気に陰りが見えてきたとき、ビンスが「主役を降りてくれ」と要請したことで、ふたりの友情にヒビがちょっと入ってしまった。

鹿島　選手の全盛期は短いから、会社のトップであるビンスとしては、ひとりのスーパースターと心中するわけにいかないわけですよね。

斎藤　それ以降、ふたりは喧嘩別れをしたり、仲直りしたりを繰り返すわけですけど、ボクらの窺い知れないディープな友情はいまでもあると思います。

鹿島　猪木さんと新聞さん的な感じかもしれないですね（笑）。

「お金がありすぎるから費用対効果が悪くても危機感がない。そのへんはWCWとSWSってちょっと似ていますよね」（鹿島）

斎藤　話を戻すと、結局ビンスは証拠不十分として裁判は無罪になって終わったんです。そして今後はこの件に関しての取材も受けないし、コメントもしないと宣言した。ただ、そこでステロイド時代が終わったことも事実なんですね。ブレット・ハートやショーン・マイケルズがチャンピオンになり、ホーガンはWWEを去ってWCWに行った。そこからアメリカマット界は二大メジャーリーグ時代が始まるんですよね。

鹿島　ホーガンが動いたことで時代が動いて、価値観の多様性も生まれましたよね。

斎藤　ホーガンがWWEに残っていたら、ブレット・ハートやショーン・マイケルズが本当の意味でスーパースターにならなかっただけでなく、そのすぐあとのストーンコールドもザ・ロックも出てきてなかったと思います。

――新日本も、1989年に猪木さんが参院選に当選してセミリタイアにならなければ、闘魂三銃士が若くして主役になることはなかったのと同じで。

鹿島　全日本も天龍がSWSに行ったことで、四天王が出てきたわけで、組織ってそういうおもしろさがありますね。

斎藤　やっぱりプロレス団体って、トップスターがどかないと、本当の意味で世代交代ってできないんですよね。主役のイメージを変えるのって、その人が残っていると難しいんでしょう。だから猪木さんが議員になったことはよかったんです。

鹿島　長州、藤波世代が「世代闘争」を仕掛けてもまったく進まなかったのに、あれで円滑な世代交代があっさり完成しちゃいましたもんね（笑）。

斎藤　だからトップ選手の離脱そのものは団

体にとってピンチだけど、ある意味で生まれ変わる大きなチャンスなんです。

——WWEもステロイドスキャンダルと、ホーガンの離脱によって生まれ変わったわけですもんね。

斎藤　またWCWも、それまでNWAの流れを汲む南部の団体というイメージが残っていたのが、ホーガンが来たことでメジャーリーグになった。そしてWWEのロウが放送されていた月曜夜8時の同時間帯に、WCWがマンデーナイトロをぶつけてきて、〝月曜テレビ戦争〟が起こることで、90年代の終わりにまたプロレスブームが起きましたから。

鹿島　日本で言えば、『8時だョ！全員集合』と『オレたちひょうきん族』が同じ土曜8時でぶつかって、相乗効果で盛り上がったのと同じですよね。

斎藤　まさにそうですね。

——でも月曜テレビ戦争って、最初の頃はWCWが勝ってたんですよね？

斎藤　そうです。全然勝ってました。スティングとレックス・ルーガーという、ベビーフェイスのスターの新しさもあったし、何と言っても、ホーガンがまさかのヒール転向をはたしたnWoが大当たりしましたからね。

鹿島　当時は、日本でもプロレス会場はnWoTシャツだらけでしたからね。

斎藤　それでWCWは、WWEから選手をどんどん引き抜いていって、テレビの視聴率も1996年6月から1998年4月まで83週連続でWWEのロウを上回っていたんです。

鹿島　それって、WWEにとっては打ち切り待ったなしの大ピンチじゃないですか！　でも、そこから盛り返せたのが凄いですね。どうやって形勢逆転していったんですか？

斎藤　まず、WCWのトップだったエリック・ビショフが本質的にプロレス音痴だったことがひとつ。さらにWWEに対するコンプレックスが凄くて、WWEにいた選手だったら、パイパー、ランディ・サベージ、テッド・デビアス、カート・ヘニング、リック・ルードといったトップグループから、ナスティ・ボーイズだろうが、アースクエイクだろうが「全部ちょうだい」だったんですよ。

鹿島　無条件にほしがり過ぎた（笑）。

斎藤　それで、いくらでもお金を出すから、陰で「ATMエリック」って呼ばれていたくらいですからね。

鹿島　「コイツからいくらでも金を引き出せるぞ」と（笑）。

斎藤　それはエリック・ビショフが自分のお金じゃないからできたんですよね。かたやビンスは自己資本の会社だから、コケてしまったら終わる。でもWCWはテレビ王テッド・ターナーの系列会社なので、経費をどんどん使えたんです。

鹿島　費用対効果が悪くても危機感がないわけですね。そのへんがおもしろいですよね。SWSもお金がありすぎるから、多くの選手に危機感がなかったし。

斎藤　だから選手を引き抜かれて、弱っているはずの全日本のほうがプロレスそのものの内容はずっとおもしろかったですからね。

鹿島　WCWとSWSって、そのへんがちょっと似ていますよね。

斎藤　SWSって、天龍さんがトップというわけじゃなく、いろんな人が権力を握ったことで混乱したじゃないですか。

鹿島　部屋別制度の弊害がありましたよね。

斎藤　WWEはビンスが最終決定権をすべて握っているのに対し、WCWは自称エグゼクティブが複数人いて、そこがダメだったんでしょうね。

鹿島　なるほど。複数スターじゃなくて複数ブレーンみたいな。

斎藤　ドレッシングルームの派閥も凄かったんです。ホーガン派閥があったり、リック・フレアー派閥があったり、そこには属さないパワープラント育ちのゴールドバーグがいたり、新日本から来たベイダー、スコット・ノートンがいたりね。

鹿島　まさにレボリューション、パラエストラ、道場・檄という部屋制度が派閥を生んで、足を引っ張りあったSWSですね（笑）。

斎藤　WCWは、ビンス・ルッソーというロウにいた構成作家をWWEから引き抜いて、「これでもう大丈夫だ！」って思っちゃったんですよ。ところが、ビンス・ルッソーが考えるプロレスは全部ペケだったんです。なぜかというと、テレビの構成作家ってボクも経験がありますけど、ひと晩必死に考えて書いた構成台本を、ディレクターに2秒でボツにされることもある、ある意味で屈辱的な仕事でもある。そしてビンス・マクマホンは、10人以上いる構成作家の台本に徹底的にダメ出しする人で、山のようなボツ台本の先に、ロウがあったんです。

「何十億の価値があったかもしれないWCWのすべてを、ビンスは1億ちょっとの格安な値段で買収したんです」（斎藤）

鹿島　『全員集合』で夜中まで会議が続いて、台本を作ってもいかりや長介さんがペケと言ったらイチから作り直していたのと同じですね。ビンス・マクマホン＝いかりや長介説（笑）。

斎藤　でもWCW首脳は「ロウはすべてルッソーが考えていたんだ」と思い込んで、エグゼクティブプロデューサーの地位まで与えたんですけど、この人とホーガンが喧嘩しちゃったんですね。

鹿島　構成台本がダメなだけじゃなく、演者のトップともモメてしまった（笑）。

斎藤　WCWという会社の世界観で言えば、ホーガンとルッソーを同格に見ちゃったところがあるんです。だけどホーガンからすれば「アイツは誰だ？」って感じですよね。実際、ルッソーがどうやってロウの番組付きの作家になったかというと、もともとネタはいっぱい考えていたかもしれないけれど、コネがなかったから、コネチカットのタイタンタワーというWWEの本社ビルの前でビンスを出待ちして、「こんなネタがあります」って売り込んできた人なんです。それがきっかけでビンスに「じゃあ、番組に来なよ」と言ってもらい、そこからのし上がってきたんですけど。

――持ち込み作家だったわけですね。ホーガンからしたら〝小僧〟みたいな感じで。

斎藤　また、プロレス知能とテレビ番組の構成台本はまるっきり違うものじゃないですか。リングの上で起こることというのは、プロレスの感覚で考えないと成立しないことばかりなのに、WCW内部にはそれを判断する人がいなくて、すべてテレビの論理でやってしまった。そこに嫌気がさして、ホーガンをはじめ、選手たちがどんどん辞めていったんです。

鹿島　現場というか、実際にリングに上がるレスラーの肌感覚をまったく理解していなかったんですね。
斎藤　WCW上層部はテレビの発想で、誰がチャンピオンになるのかも「キャスティング」だと思っていたんですね。でもそれは違うじゃないですか。
鹿島　団体がゴリ押しで誰かをチャンピオンにするようなことを、プロレスファンはいちばん嫌いますからね。
斎藤　だからプロレス心知らずのまま、WCWはズルズルと落ちて終わっていったわけです。ただ、巨大な親会社のおかげで倒産はしなかったのに、最後にWCWの息の根を止めたのは、ターナーテレビジョンから出向してきたもうひとりのプロデューサーだったんです。その〝局P〟みたいな人が「ウチの局イメージに合わないから、プロレス番組を全部やめる！」って言い出して、それであっさり番組だけでなくWCWそのものが終わったんです。もう、ひどい（笑）。
鹿島　あくまでテレビ番組だから、「はい、打ち切り！」ってあっさり決めたんですね（笑）。
斎藤　WCWは途中からハウスショー（興行）をやめて、ナイトロの番組制作だけをやっていたから、それで団体も死んじゃったんです。そしてターナーテレビジョンが捨てたWCWのすべてを、ビンスは1億ちょっとの格安な値段で買収したんです。ホントは何十億の価値があったかもしれないんですよ？　それを1億で買い叩いて、WCWの団体名とロゴ、キャラクターの知的所有権と映像アーカイブ、必要なものをすべて手に入れた。
鹿島　ビンスからすれば、「これが100万ドルでいいの！？」ってことですよね。だけど向こうは自分たちの価値を知らないから、売り渡してしまった。
――単なる打ち切り番組扱いだったわけですもんね（笑）。
斎藤　そのときにビンスが手に入れた映像アーカイブって、WCWだけじゃなく、フレアーの全盛期をはじめとした、NWAクロケットプロやNWAジョージア地区に至るまで全部だったんですよ。
鹿島　プロレスの歴史の大半を手に入れちゃったようなもんですよね。
斎藤　それが10年後にWWEネットワークというネット映像配信に結びつくわけです。そこには過去のWWEだけじゃなく、WCW、NWA、AWA、ダラス・ワールドクラス、ECW、その他さまざまなテリトリーの映像アーカイブが大量にアップされていますからね。
鹿島　いやー、凄い！　だからおもしろいですね。ネット環境が黎明期だからこそ、それだけ安く買い叩けたんだろうし。
斎藤　運命のあやだと思うんです。買収が成立したことで、WCWの選手たちも2001年5月からWWEのロウにどんどん移ってくるんだけど、WCWでスターとしてナイトロに出ていた人たちは、WWEのロウを観ているお客さん全員からブーイングを喰らうんですよ。要するに外敵みたいな扱いで。そのときにビンスのなかではなんとなく違和感があって、「WWEとWCWの団体対抗戦みたいにしちゃったら、コイツらが対等な関係に見えてしまうな。それは違うな」っていう感覚があったんですね。
鹿島　自分の軍門に下らせたのに、逆にWC

Ｗの価値を上げてしまうなと。

斎藤　だから買収はしたけれど、ＷＣＷブランドを潰しちゃったんです。

鹿島　二大ブランドとして活かすことはしなかったと。

斎藤　そう。「コイツらは対等じゃないもん。俺が負かした相手だもん」と。それで何をやったかというと、ロウとスマックダウンに分けたんですよ。

「馬場さんとビンスは同じことをやっていた。ＷＷＥを知ることでかつての新日本や全日本のことまで知れるのがおもしろい」（鹿島）

鹿島　なるほど！　ＷＷＥとＷＣＷという二大ブランドではなく、巨大なひとつのＷＷＥをふたつのブランドにしたんですね。凄い判断。

斎藤　それで赤のロウ、青のスマックダウンの2リーグ制が誕生したわけです。

鹿島　普通だったら、そこで団体対抗戦をやっちゃいますよね。

斎藤　だからＷＣＷの登場人物は最初に少し使って、ことごとく番組内で潰していったんですね。対等に見えちゃうっていうのが、ビンスにとっては嫌だったんでしょう。

鹿島　ＷＷＥが上なんだということを、リング上でも見せていく（笑）。

斎藤　それでエリック・ビショフもロウの番組内で使って、画面の中でさんざん屈辱を味わわせたんです。でもホーガン、ケビン・ナッシュ、スコット・ホールといった、一部の特別な元ＷＷＥスーパースターはしっかりとメインイベンターとして使うんですよ。この人たちは別格だと。それからリック・フレアーにも「戻ってきてください」と。

鹿島　いいとこ取りですね。

斎藤　だからホーガン、ナッシュ、ホール、フレアーといった特別な選手たちや、ゴールドバーグ、ブッカーT、スコット・スタイナーといったＷＣＷ育ちでもトップグループで使える一部の選手たちは使いましたけど、それ以外の人たちはどんどん切っていったんです。

鹿島　日本でいうと馬場さんみたいですね。抱え込んで殺していくみたいな（笑）。

――全日本の初期に、旧・日本プロレス勢が表向きは〝対等合併〟としてきたのに、全員前座で飼い殺しましたもんね。

斎藤　そうなんです。ルーキーだった生え抜きのジャンボ鶴田を上にして、大木金太郎、上田馬之助らを前座にしちゃったんです。

鹿島　じゃあ、馬場さんのほうが早いですね。殺しの哲学としては（笑）。

斎藤　きっとね、それはプロモーターの感覚なんじゃないですか。競合団体の選手は獲得したけれど、それを上で使ってしまったら、自分が否定してきたものを上にあげることになってしまうと。

――大木金太郎さんは日プロでインターナショナル王者で、カブキさんの前身である高千穂明久はＵＮ王者でしたけど、そのふたりが全日では前座ですから（笑）。

斎藤　でも高千穂さんとサムソン・クツワダを組ませたり、グレート小鹿さんは大熊元司と組ませて極道コンビというユニットを作って、アジアタッグ王者にしたりとかありましたよね。旧・日プロ勢でも使える人だけ使って、その他の日プロから来た人たちはやがていなくなるわけです。

鹿島　ビンスよりも先に馬場さんが同じことをしていたんですね。

斎藤　そうかもしれない。団体が滅びるときって、団体のロゴは滅びるけど生身の人間、選手は残っていくっていう現実があるので、その人材をどう料理するかってことだと思うんですね。

――団体を残してしまうと、新日本対UWFをやったことで前田日明が大スターになって、結局、新生UWFを生んでしまうようなことが起こりますもんね。

鹿島　潰れた第1次UWFと新日本が対等に抗争したことによって、UWFからスターが出ちゃいましたからね。

斎藤　そうなんです。上げちゃうと結果的に相手の価値が上がっちゃうんです。

――だから第1次UWFが興行機能を失ったとき、馬場さんはUWFを丸ごと獲らずに、前田日明、髙田延彦のふたりだけを一本釣りしようとしたんですよね。

斎藤　もし、あそこで前田、髙田が全日本に行っていたとしても、対抗戦にはせず、おそらくふたりに全日本のジャージを着させてましたよ。

鹿島　そういう意味では、ジャパンプロレスと業務提携して、全日本対ジャパンの対抗戦をやったのは、馬場さんとしてもちょっと誤ったんでしょうね。

斎藤　結局、2年経ったら長州力一派は新日本に戻ってしまいましたからね。だから谷津嘉章や仲野信市、永源遙らは全日本に残ったけど、ジャパンプロレスは解体させて、全日本所属にさせた。

鹿島　なるほどな〜。

――ジャパンプロを吸収した上で、栗栖正信、寺西勇を切っていきましたもんね。

鹿島　本当だ！　いや〜、そこもやっぱりビンスより馬場さんが早かった（笑）。WWEを知ることで、かつての新日本や全日本のことまで知れるのがおもしろいですね。

斎藤　やはり、プロレスからは普遍的な人間の深層心理、社会集団としての組織論みたいなものを学ぶことができるんでしょうね。

斎藤文彦
1962年1月1日生まれ、東京都杉並区出身。プロレスライター、コラムニスト、大学講師。アメリカミネソタ州オーガズバーグ大学教養学部卒、早稲田大学大学院スポーツ科学学術院スポーツ科学研究科修士課程修了、筑波大学大学院人間総合科学研究所体育科学専攻博士後期課程満期。プロレスラーの海外武者修行に憧れ17歳で渡米して1981年より取材活動をスタート。『週刊プロレス』では創刊時から執筆。近著に『プロレス入門』『プロレス入門II』（いずれもビジネス社）、『フミ・サイトーのアメリカン・プロレス講座』（電波社）、『昭和プロレス正史 上下巻』（イースト・プレス）などがある。

プチ鹿島
1970年5月23日生まれ、長野県千曲市出身。お笑い芸人、コラムニスト。
大阪芸術大学卒業後、芸人活動を開始。時事ネタと見立てを得意とする芸風で、新聞、雑誌などを多数寄稿する。TBSラジオ『東京ポッド許可局』『荒川強啓 デイ・キャッチ！』出演、テレビ朝日系『サンデーステーション』にレギュラー出演中。著書に『うそ社説』『うそ社説2』（いずれもボイジャー）、『教養としてのプロレス』（双葉文庫）、『芸人式新聞の読み方』（幻冬舎）、『プロレスを見ればば世の中がわかる』（宝島社）などがある。本誌でも人気コラム『俺の人生にも、一度くらい幸せなコラムがあってもいい。』を連載中。

KAMINOGE TO THE HIGHWAY

トリプルHが見初めたメイド・イン・ジャパン。
“全女イズム”を胸に秘め、いざWWE進撃‼

収録日：2020年5月14日
撮影：タイコウクニヨシ
試合写真：平工幸雄
聞き手：堀江ガンツ

Sareee

WWEという舞台で自分を試してみたいし、
世界の人に〝ホンモノの女子プロレス〟を
知ってもらえるチャンスだと思っています。
24時間プロレスのことだけを
考えていればいい、そんな天国みたいな
環境に身を置けることがうれしい

「トリプルHさんに声をかけていただいても現実味がないというか、すぐには決断できなかった」

――Ｓａｒｅｅｅ選手は『ＫＡＭＩＮＯＧＥ』初登場ということで、よろしくお願いします！

Sa はい。よろしくお願いします！

――ボクがＳａｒｅｅｅ選手の試合を初めて観たのは、２０１６年にＺＥＲＯ１の選手が中心となって開催された、ミャンマー初のプロレス大会の取材に行ったときだったんですよ。

Sa あのとき来られていたんですね。凄くリングが硬かったのを覚えています（笑）。

――ミャンマーのラウェイっていう、素手のムエタイのリングでしたもんね（笑）。あの日、プロレスがない国で、生でプロレスを観るのが全員初めてというお客さんのなかで、どういう選手がウケるのかなと思っていたら、Ｓａｒｅｅｅ選手がいちばん人気だったんですよね。

Sa ホントですか？

――試合後は現地のお客さんに囲まれていて、記念撮影攻めだったじゃないですか。

Sa たしかにそうでしたね。でも、あの日はＳａｒｅｅｅではなく「ＯＳＨＩＮ」っていう名前で出たんですよ。昔、日本でやっていたドラマが向こうで人気だったみたいで。

――80年代前半にやってたＮＨＫの朝ドラ『おしん』ですね（笑）。

Sa なので、ＯＳＨＩＮという名前で出たからこそ、みんなが応援してくれたのかもしれない（笑）。

――あのおしんが、苦労に苦労を重ねてこんなに立派になったんだと（笑）。

Sa あとは対戦相手が高橋奈七永さんで、身体が大きな選手との試合だったので。

――大きい選手に向かっていく姿がウケたんじゃないかと。

Sa そうですね。それぐらいしか思いつかないので（笑）。

――昔から海外志向っていうのはあったんですか？

Sa いや、それがまったくなかったんですよ。

――ボクのイメージだと、Ｓａｒｅｅｅ選手は凄く〝日本の女子プロレス〟にこだわりがある選手という感じなんですけど、やっぱりそうなんですか？

Sa そうですね。

——では、どのあたりからWWEへの興味が出てきたんですか？
Sa　トリプルHさんに声をかけていただいたっていうのが、すべての始まりですね。
——昨年のWWE日本公演のときにトリプルHと対面したことがいろんなメディアに出ましたけど、あそこからですか。
Sa　はい。両国大会のときですね。
——じゃあ、「日本公演のときにお会いしたい」という連絡が向こうから来て。
Sa　はい、そうですね。
——それまでは「いつかWWEに行ってみたい」みたいな発想もなかったわけですか？
Sa　毎年WWEの両国大会は観に行ってたんですけど、まさか自分がそのリングに挑戦する日が来るとは思ってもいなかったですね。
——そんなまっさらな状態で、実際にトリプルHと会ってみてどうでしたか？
Sa　めちゃくちゃオーラがあって、存在感があるけど物腰がやわらかくて優しい、それだけで凄いなって思いましたね。
——会って、どんな話をされたんですか？
Sa　WWEのシステム、施設や向こうでの生活の話とか。あとは冗談で「いまからリングに上がっちゃいなよ」って（笑）。
——あっ、その時点でそんな具体的な話もされてたんですか。
Sa　いや、そんな具体的ではないんですけど、「来てくれたらこういう感じだけど、どうか？」みたいな。でも自分もその場で言われてすぐに決断できるものでもないので、「ちょっと考えます」と言って。
——それって完全にトリプルHが直々にスカウトに来たってことじゃないですか。凄くいい待遇ですね。普通、世界中のプロレスラーが、なんとかWWEとアクセスできるチャンスをつかもうと必死になっているなか、現場のトップによる一本釣りですもんね。
Sa　そうですね。ありがたいです。
——いや、これは凄いことなんですよ！（笑）。
Sa　はい（笑）。
——トリプルHからそういう話をされたとき、実感はありましたか？
Sa　正直ないですね。凄いことなんだとはもちろん感じましたけど、なんか現実味がないというか。すぐには決断できなかったですね。

「小学1年のときにお父さんにプロレスに連れて行かれて、観た瞬間に『これやりたい！』って思ったんですよね（笑）」

——そこからあらためて「WWEに行こう！」という気持ち

になったのは、どういうきっかけがあったんですか?
Sa すぐにはそういう気持ちにはならなかったんですよ。声をかけていただいたときが二冠チャンピオン(ディアナのWWWD世界シングル王座と、センダイガールズのワールド王座)で、「これからだ」っていうときだったので、WWE行きをパッと言われても「行きます!」とは言えなかったし。あとは東スポの女子プロ大賞を絶対に獲るっていう目標も自分のなかにあったので。
──WWE行きを考えるよりも、まずは自分のやるべきことをやろうと。
Sa はい、そんな感じです。
──でも、そこから一気に気持ちがWWE行きに傾いていったのは、どういった理由からだったんですか?
Sa 去年12月3日に自主興行をやったんですけど、それが終わって、あらためて自分のプロレスラー人生をじっくりと考えたとき、「やっぱりこれはアメリカに挑戦することが自分の使命なんじゃないか」って思ったんですよ。それで、いろいろ考えて「行こう!」って決めましたね。
──こんなチャンスはみんなにあるものじゃないですからね。トリプルHからオファーが来たというだけで、〝選ばれし者〟ですから。
Sa そうですね。誰にでも来るチャンスじゃないし、後悔しないためにも、これは絶対に挑戦するべきだって思いましたね。
──でも、所属していたワールド女子プロレス・ディアナでは、チャンピオンで団体の看板選手だったわけじゃないですか。引き止められたりとかはなかったんですか?
Sa 実際に団体の先輩に言ったときは「凄いことだよ!行っておいで!」とは言ってくれましたね。でも社長の井上京子さんは複雑な思いがあったと思うんで。
──まあ、それはそうですよね。手塩にかけて育てた看板選手ですからね。
Sa 最初は「行っておいで!」って言ってくれたけど、実際はどう思ってるのかなっていう部分も正直ありました。でもジャガー横田さんや伊藤薫さんたちが「凄いことだよ!」って背中を押してくださったので、決心がついたっていうのはあります。
──先輩たちがそこまで言うからこそ、「ホントに凄いことなんだ」と、あらためて感じたりもして。
Sa そうですね。世界最大の団体で、多くの国で「プロレス」と言えばイコールWWEという団体だと思うので。そんなところから直々に呼んでいただいて、自分が足を踏み出せるっていうのは、プロレスラーとして、これ以上ありがたいことはないなって思いましたね。

──Sareee選手って、子どもの頃から「プロレスラーになりたい」っていう思いがハッキリあったんですよね？

Sa　はい。小学校1年生のときにお父さんに初めてプロレスに連れて行かれて、そこで観た瞬間にもう「これやりたい！」って思ったんですよね（笑）。

──小1でもう自分の目指す道が決まったと（笑）。

Sa　そこから週末は毎週のようにプロレス観戦に行くようになるんです。

──お父さんがプロレス好きだったんですか？

Sa　好きでしたね。

──それは女子プロレスにかぎらず？

Sa　アントニオ猪木さんの大ファンでした。

──そうだったんですね。じゃあ、初めて観に行ったプロレスが、たまたま女子プロレスだったわけですか。

Sa　そうです。たまたまおばあちゃんちの近くで女子プロレスをやっていて、その通りすがりで観に行ったんですよ。

──その〝通りすがり〟っていうのが運命的ですね。それはどこの団体だったんですか？

Sa　NEO（女子プロレス）っていう団体で。そこで初めて観てハマって、そこからはもうずっとプロレスを観に行ってました。中学生まで。

──小学1年生から、途切れることなくずっとですか？

Sa　はい、中3までずっと。中学生になって部活に入ってからは、土日はなかなか観に行けなくなったりとかもあったんですけど、「プロレスラーになりたい」っていう気持ちが離れることはありませんでしたね。

「小学生のときから『甘い気持ちではプロレスラーにはなれない、ゆるいのは嫌だ』って思っていました」

──ちなみに小学生のときは、誰のファンだったんですか？

Sa　元気美佐恵さんです。とにかく強い選手が好きだったんですよ。アイドルレスラーみたいな選手じゃなくて、とにかくガツガツした強さが好きでした。

──元気美佐恵選手って身長も170センチ以上あって、デカいですもんね。

Sa　デカい人に凄くあこがれを持っていましたね。パワーファイターみたいな（笑）。

──Sareee選手とは真逆な感じがしますけど（笑）。

Sa　子どもの頃はそれに気づいていなかったんですよね（笑）。

──学校でまわりに、女子プロレスが好きな友達とかはいたんですか？

Sa　一緒に観てくれるコはいましたけど、そこまで「女子プロレスファンだ」っていうコはいませんでしたね。

SEAdLINNNG
with plaisir.co.ltd

――Ｓａｒｅｅｅ選手が小さい頃っていうと、女子プロレス自体を知っている人が少ない時代だったりしたんじゃないですか？

Sa　ホントそんな感じでしたね。

――それでも自分だけは女子プロレス一筋だったと。

Sa　はい（笑）。

――でも、そのくらいの年代って、みんなが好きなものを好きになるもんじゃないですか。クラスで流行っているものを好きになるというか。

Sa　でも自分はならなかったですね。みんながカードゲームのカードを集めているなかで、私はプロレスカードを集めてました（笑）。

――ストロングスタイルですね〜。プロレスカードを集めては、会場に行ってサインをもらうみたいな（笑）。

Sa　はい、いっつもサインをもらいに行ってました。でも選手の前に行くと話せなかったんですよね。なんか恥ずかしくて（笑）。

――でも小学生の女の子がそれだけ頻繁に通っていると、ＮＥＯの選手間でも有名なファンの子になってたんじゃないですか？

Sa　そうですね。凄くかわいがっていただきました。プロレスラーになったあと、ファンの方にも「小さいときから知ってるよ」って言われるんですけど、「誰だろうな？」と思って（笑）。

――「あの女のコ、毎週観に来てるな」って、ファンの間でも有名だったんですね（笑）。その頃、選手との交流はなかったんですか？

Sa　写真を撮っていただいたりとか、そういうのはありましたけど。

――ファンの一線を越えるようなことは？

Sa　それはないですね。ただ、小学生の頃からずっとＮＥＯに入りたいと思っていたんですけど、ちょうど入ろうとした年に解散してしまって。「どうしよう？」と思っているときに、井上京子さんが新団体を旗揚げするということで誘っていただいて。それでディアナに入りましたね。

――Ｓａｒｅｅｅ選手がＮＥＯに入りたいと思っていたことも知られていたんですね。まあ、小学1年からＮＥＯへの思いが10年近く続いていたわけですもんね。

Sa　そうなんですよ。ずっと入りたいと思っていたのに、入る年になくなっちゃったんで。

――それ以外の団体に入ろうと思ったことは？

Sa　それはなかったですね。当時は小学生レスラーとかも上がっているような団体があって、そこからいつも声をかけられてたんですよ。でも自分のなかでいろんな雑誌を読んでいて、やっぱり中学を卒業して行くっていう、それぐらいの覚悟がないとプロレスラーにはなれないなって。先輩方がどうやってプロレスラーになったのかを雑誌で読んでいたので。

――たしかにNEOの選手は、オーディションで狭き門をくぐり抜け、厳しい新人時代を耐え抜いてデビューした元全女系の人たちばかりですもんね。

Sa そうなんです。なので小学生のときから「ゆるいのは嫌だな」って思っていて。生意気ですよね（笑）。

――学校に通いながら放課後に練習して、たまに試合をするようなのは嫌だと（笑）。

Sa 凄く誘ってもらっていたんですけど、絶対に嫌だと思って（笑）。「自分は中学を卒業したらすぐにNEOに入るんだ」っていうふうに考えていたんで。

――趣味の延長とか、ちょっと興味があるというのではなく、人生をかけてやるぐらいの覚悟があったってことですね。

Sa はい、やりたいと思っていましたね。そんな甘い気持ちでは入れないと思っていました。


「井上京子さんは自分の時間を削ってトレーニングしてくださっていたんです。酔っぱらいながら（笑）」


――「プロレスのリングは簡単に上がれるものじゃない」っていう気持ちがあったからこそ、小1から中学まで思いが続いたのかもしれませんね。

Sa そうかもしれないですね。それで中3の夏から井上京子さんとマンツーマンの練習が始まって。それ以降もずっと練習に来ていて、ホントは卒業してすぐ、14歳でデビューするはずだったんですよ。私は誕生日が3月31日なので。でも東日本大震災の関係で興行が延期になって、デビュー戦が4月17日になったので、15歳になってからデビューだったんですけど、中学を卒業してすぐにプロレスラーになるという思いは叶いましたね。

――京子さんとマンツーマンで練習することになったっていうのは、どういったきっかけがあったんですか？

Sa 私がずっと「入りたい」って言っていたのを選手のみなさんも知っていて、その話が京子さんにも回って「一緒にやらないか？」って声をかけていただいたんです。

――じゃあ、今回のWWEだけじゃなく、ディアナに入るきっかけも井上京子さん直々のスカウトみたいなもんじゃないですか（笑）。

Sa いや、そういうわけではないんですけど（笑）、ディアナの生え抜き第1号として旗揚げ戦でデビューさせていただきました。

――京子さんとのマンツーマンのトレーニングは、相当ハードだったんじゃないですか？

Sa　そうですね。でも凄くやさしくしていただいたんですよ。ちょうど夏だったんですけど、道場ってめちゃくちゃ暑いじゃないですか。だからインターネットでいろいろ買ってきてくださったのか、熱中症にならない飴みたいなのをくれたりして。

——熱中症にならない飴って、塩飴みたいなやつですか？

Sa　いまでも憶えているんですけど、飴みたいな舐めるシートがあるじゃないですか。あれを凄い食べさせられた憶えがありますね（笑）。

——ああ、口の中で溶けるセロファンみたいな。

Sa　そうです、そうです。いつも綱島の駅で待ち合わせをして、そこからタクシーで道場に行って。井上京子さんが自分の時間を削ってわざわざ来てくださっていたんですよ。酔っぱらいながら（笑）。

——まだ酒が抜けていない状態なのに、来てくれてましたか（笑）。

Sa　その当時からお店もやられていたんですけど、それなのに朝に来てくださって。

——『あかゆ』で朝方まで飲んで、ほとんどそのままみたいな感じで来てくれてたんですね（笑）。

Sa　それで一緒になって動いて、練習を見ていただいたので凄い感謝ですよね。そこから伊藤薫さんと、伊藤道場の佐藤綾子さんが合流して、薫さんがいままでずっと練習を見てくださったので。

——プロレスラーになる夢は小学生から持っていたわけですけど、その夢に対してご家族はどう思っていたんですか？

Sa　お父さんはプロレスが好きだったので、私がプロレスラーになることについて凄く応援してくれてたんですけど、お母さんからは「高校に行ってほしい」って言われてましたね。プロレスラーを目指しているのは知っていても、まさか高校に行かずにプロレスラーになるとは思っていなかったみたいなので、ビックリされたというか止められましたけど、私の気持ちは全然揺るがなかったので。

——それだけ強い意志があったんですね。お父さんはオッケーだし（笑）。

Sa　お父さんはオッケーでしたね（笑）。

——小学1年生でお父さんとNEOを観に行って以来、一緒にほかの団体を観に行くことはなかったんですか？

Sa　ちっちゃいときに男子プロレスも観に行っていたみた

F21
FOREVER 21
STARBUCKS
STAY HOME
2020

UC
VISA
錦戸亮
LIVE TOUR
もんじゃ
Euphoria
大盛堂
DHC

いなんですけど、あまり自分は憶えてないですね。途中で寝ちゃって、おんぶして連れて帰ってもらったらしいです（笑）。

――寝ちゃいましたか（笑）。では、ホントにずっとブレずにＮＥＯ一筋だったんですね。

Sa　そうですね、はい。

――だからＳａｒｅｅｅ選手って、いまのほかの女子プロレスラーとは雰囲気や考え方が、かなり違う感じがしますね。

Sa　自分でもけっこう違うかなって思います。

――いま、日本には女子プロレスラーがたくさんいますけど、「プロレスは人前で自分を表現する手段のひとつ」のような選手も多いじゃないですか。歌とかお芝居、モデルとか、いろいろ表現する手段はありますけど、そのなかのひとつとしてプロレスをチョイスしたというか。でもＳａｒｅｅｅ選手はあくまで「プロレスラーになりたい」っていう気持ちが第一だったわけですよね。

Sa　そうですね。有名になりたいとかそういうことよりも、ただ「強くなりたい！」と思ってやってきたんで（笑）。


「私にはプロレスしかないので。ここまでプロレスに人生を懸けているような選手ってそうそういないと思う」


――リングでお客さんの歓声を浴びたいとか以上に、プロレスラーとして強くなりたい（笑）。

Sa　ずっとそういう思いでしたね。いまはそれだけじゃなくて、強くなりたいのはもちろんですけど、これからは女子プロレスというものを、そしてＳａｒｅｅｅというレスラーを世の中の人たちにもっともっと知ってもらいたいという気持ちに変わったというか。いい意味でそういう思いに変わったからこそ、ＷＷＥという大きな舞台で自分を試したいとも思いましたね。

――これまでのように、プロレスをやりたい、強くなりたい、という個人的な願望だけではなくなったと。

Sa　それだけじゃダメだと気づけたというか。もっともっといろんな可能性があるんじゃないかなって。

――トリプルＨは、そんなＳａｒｅｅｅ選手の可能性に気づいていたからこそオファーしたんでしょうけど、Ｓａｒｅｅｅ選手自身はそこまで自分の価値、可能性にそれまで気づけていなかったのかもしれないですね。

Sa　高い目標を持ってやってきたつもりではあったんですけど、そこまでの広い視野は持てていなかったんですね。でも自分が一生懸命やってきたからこそ、声をかけていただいた部分もあると思うので。

――Ｓａｒｅｅｅ選手の全女イズムを受け継ぐような、オールドスクールでストイックな部分も評価されたのかもしれないですね。いま、WWEでは日本の女子選手3人が大活躍していますけど、カイリ・セイン選手、紫雷イオ選手はいわばスターダム出身。アスカ選手はいろんなところを渡り歩いてきましたけど、かつての全女直系みたいな選手はこれまでいませんでしたし。

Sa だから、これは〝ホンモノの女子プロレス〟を持っていくチャンスだと思っているんで、世界の人に知ってもらいたいです。

——やはり伝統的な〝日本の女子プロレス〟の代表という自負もあるわけですか。

Sa もちろんそうですね。元・全日本女子プロレスの選手、凄い方たちに散々しごいていただいたので、それは自信を持っていいんじゃないかって自分でも思いますね。

——もし、90年代後半とかに井上京子選手や豊田真奈美選手がWWEに行っていたら時代が変わっていたと言われていますからね。あれから20年の時を経て、全女直系の選手がついにWWEに上がるという。そういう意味でもほかの選手と自分は違う、という思いがありますか？

Sa そうですね。私はプロレスに懸けているし、私にはプロレスしかないので。もちろん、私のほかにも懸けている人はいると思いますけど、いまはかなり少なくなっているとも思います。ここまでプロレスに人生を懸けているような選手ってそうそういないと思うので、そこは違うかなって。

——これまでの生活を捨ててアメリカに行くっていうのも、人生を懸けているからこそできることですもんね。向こうに行くにあたって、不安はありませんか？

Sa 不安はもうないですね。向こうに行って大変なことを考えて、どんどん不安になっていってもしょうがないので。なるべくそういうことを考えず、明るい未来だけを見据えて。自分がレッスルマニアのメインに立っていることだけを考えてます（笑）。

——でも、いざ渡米しようというタイミングで、新型コロナウイルスのパンデミックという、誰も予測できなかった事態が起きてしまって、しばらく日本で足止めを食うことになってしまったわけですけど。その点についてはどうですか？

Sa これぱっかりは仕方がないですし、世界中の人たちが我慢している時期なので、私もそれは受け入れています。なので、この新型コロナウイルスが収束したとき、すぐにでもリングに立てるように、「明日、試合をして」って言われてもできるようなコンディションを保って、とにかく前だけを見て過ごしています。

——新型コロナの蔓延がなかったら、本来はどんなスケジュールだったんですか？

Sa ちょうどレッスルマニアに合わせて3月末に行く予定

だったんですけど、それが直前で中止になった感じですね。向こうに行ってからの準備とかも進めていたんですけど、いざ「行こう」というときにストップがかかってしまって。アメリカが大変なのでしょうがないんですけどね。週1回、本社から状況連絡はあります。

——あと、住まいの問題もありますよね？

Sa 本当は日本で住んでいた部屋は3月いっぱいで解約して出ていかなきゃいけなかったんですけど、急にアメリカに行けなくなったので、なんとか延長してもらったんですよ（笑）。

——それは危なかったですね（笑）。

Sa ホントにあやうく住む部屋がなくなるところでした（笑）。

——解約手続きはしちゃってたんですか？

Sa はい。でも次に入居する人がまだ決まっていなかったので、なんとか大丈夫だったんですよ（笑）。

「私がアメリカに行く上での目標は『日本とアメリカの架け橋のような存在になりたい』ということ」

——では渡米が延期になって、いまは来たるべき日に向けて、日本でできることに取り組んでいる感じですか？

Sa はい。英語の勉強だったり、いまリングは使えないですけど、家や駐車場で自重トレーニングだったり。あと「チャンプ」っていう名前のフレンチブルドッグを飼っているんですけど、13キロもあるので、その子を抱えながらのトレーニングとかしてますね（笑）。

——自重プラス犬の重さで（笑）。英語はどうですか？

Sa 英語は先生ふたりについてもらって、毎日3時間がんばってます！

——おー、凄いですね！　パフォーマンスセンターでの授業もすべて英語ですもんね。

Sa だからいまは、言っていることがわかるように、あと自分の言いたいことが伝わるように、おもに発音を教えていただいてますね。あと最近は積極的に料理にも挑戦しているんですよ。これまでは試合だったり練習だったり、とにかく毎日が忙しくてなかなか料理をする時間が取れなかったんですけど、いまは毎日自炊してますね。やっぱりアメリカに行ったら自炊が大事になってくるので。

——海外生活で食事は凄く大事ですもんね。

Sa なので、向こうに行ってから困らないように、英語も料理も勉強してますね。あと、向こうに行ってからも日本のファンの方とつながっていられるように、毎日いろんなことをＳＮＳに上げたり、ＹｏｕＴｕｂｅを始めたりもしています。

――これからは世界が相手になるわけですけど、それでも日本のファン、日本市場を大事にしたいっていう思いがあるんですね。
Sa ありますね。私は日本を背負ってアメリカに行くつもりなので、日本のファンの方を置き去りにはしたくないんです。なので常に情報が届くようにしたいし、応援していただきたい、そういう思いですね。
――海外に行ってしまうと、物理的な距離もそうですけど、ファンとの心の距離がどうしてもできてしまいがちですからね。
Sa そうですね。いままでWWEに行った日本人選手は私から見てもそういう感じが凄くしていて、ファンだったら寂しいだろうなって。実際、遠くにいてなかなか会えないのは仕方がないんですけど、あまり向こうの情報が日本に入ってこない印象があるので。私はそうじゃなくて、どんどん日本にも情報が回ってくるようにしたいんです。それくらいWWEで活躍もしていきたいし、そのためにYouTubeとか『Sareeeマニア』というネットショップも始めたので。
――WWEに行った日本人選手は、みんな活躍していて、世界的な知名度を得ていますけど、日本はプロレス大国であるがゆえに、相対的に海外の情報は小さくなりがちですもんね。
Sa だから私を通じて、もっとWWEが身近に感じてもらえたらいいなと思っていますね。向こうに行っても心が離れるわけじゃないし、私がアメリカに行く上での目標は「日本とアメリカの架け橋のような存在になりたい」ということなので。
――向こうに行ったら、リングネームはやっぱり変わるんですよね？
Sa おそらく変わると思います。「Sareee」だと向こうではインド人だと思われるみたいなんですよ。
――ああ、たしかにサリーはインドの民族衣装の名前ですもんね。
Sa でも本名が「沙里」なので、「eee」を取って「サリ」ならいいんじゃないか、みたいにまわりの人からは言われてますね。言いやすくて、覚えやすいってことで。
――もしくは、宝城カイリ選手がカイリ・セインになったように、苗字だけ変わるみたいな。
Sa そういうのもあるかもしれませんね。どんな名前をつけてもらえるか、楽しみにしています（笑）。

「私は大丈夫。プロレスだけを考えて、好きなときに練習できるという環境をずっと求めていた」

――あと最近、ネットニュースなんかを見ると、Sareee選手と超大物レスラーのツーショットをやたら見るんですよ。

猪木さんとか前田日明さんとか。あれはどういう引き寄せなんですか？（笑）。

Sa 猪木さんとは昨年末に対談をさせていただいたんですよ。そこで赤色、闘魂レッドを使うって話とかをして。それでＷＷＥ参戦が決まったあと、そのご報告がてら『プロレスリング・マスターズ』の後楽園大会で挨拶させていただいて。前田さんともそのときご挨拶させていただきましたし、蝶野（正洋）さんにはアリストトリスト社での東スポの対談中にＳＴＦを使う許可をいただきました。なんか、凄い方たちとたくさんお話させていただいて、学ぶことが凄くありすぎて感謝ですね。

――マスターズの後楽園だから、レジェンドとの対面が実現していたんですね。

Sa あと、こないだは藤波辰爾さんとも対談させていただいたんですよ。

――凄い。レジェンドを総なめですね（笑）。藤波さんとはどういう接点での対談なんですか？

Sa いま私は24歳なんですけど、藤波さんがＷＷＥ（当時ＷＷＷＦ）のジュニアヘビー級チャンピオンになったのも24歳なんですよ。

――ああ、藤波さんがマディソン・スクエア・ガーデンでチャンピオンになって、一夜にしてスターの仲間入りをはたしたのが、ちょうどいまのＳａｒｅｅｅ選手の年齢なんですね。

Sa 私もそれくらいがんばりたいなって。なので猪木さんや藤波さんなど、数々の素晴らしい試合を残してきた大先輩の方たちと会わせていただいて、ホントに自分のためになるし、ありがたいんですけど、やっぱり1回くらいはこれからの未来に向かって、同じような山を登っていくような選手と対談したいなって思うんですけど、なかなかそれがなくて（笑）。

――超大物のレジェンドばかりで、同期と縁がないわけですか（笑）。

Sa 昔からそうなんですけど、お母さんくらい歳が離れた先輩方と一緒に暮らしていたりとか、ずっとお世話になっているので、身近に若い選手っていままでいなかったんですよ。

――ディアナに入ったときから、井上京子さんとのマンツーマンから始まって、ジャガー横田さんとか伊藤薫選手が身近な存在だったわけですもんね。

Sa なので、ＷＷＥのパフォーマンスセンターに行くのが楽しみなんですよ。初めて同じ夢を持った、同じような境遇の選手と切磋琢磨できる環境になるので。

——デビュー9年にして、初めて〝同期〟と呼べる人がいる環境になるという。それも凄いですね（笑）。

Sa それでなくともパフォーマンスセンターに毎日行けることに凄くワクワクしていて。24時間、プロレスのことだけを考えていればいい、そんな天国みたいな環境に身を置けることがうれしいんです。

——でもパフォーマンスセンターは、毎日のトレーニングもハードだし、英語やマイクパフォーマンスなど、覚えることがありすぎて大変だって聞きますけどね。

Sa でも私は大丈夫。楽しめると思います。プロレスだけを考えて、好きなときに練習できるっていうのは、自分がずっと求めていた環境なので。WWEを描いた映画『ファイティング・ファミリー』でパフォーマンスセンターが出てくるんですけど、あの映画を観ながら、「早く私もあそこに行きたい！」って思いましたから（笑）。

——じゃあ、練習がどんなにつらくても（ギブアップの意思表示をする）ラッパは鳴らしませんか？（笑）。

Sa 鳴らさないです！　がんばり抜きます（笑）。あのラッパって、実際のパフォーマンスセンターにもあるんですかね？

——いや、おそらく映画的な表現じゃないかと思いますけど（笑）。

Sa もしラッパがあっても、鳴らさずにがんばるので大丈夫です！（笑）。

——本当にすべて前向きに考えているんですね。

Sa はい。WWEには、いま凄く活躍しているリア・リプリーっていう選手がいるんですけど、4年前に3カ月くらいディアナに来ていたんですよ。それで一緒に練習したり、一緒にご飯を食べたり、オフにはディズニーランドに行ったりして一緒に過ごしてきたので。そのリプリーがいまやスーパースターになっているのは凄く意識しますし、再会が楽しみですね。でも負けたくないので、早く追いついて、追い越したいです。

——では、早くコロナが収束して、WWEで活躍するSareee選手を見るのを楽しみにしていますよ。

Sa ありがとうございます！　自分には大きな使命があると思っているので目一杯がんばってきます。応援してください！

Sareee
（サリー）
1996年3月31日生まれ、東京都板橋区出身。プロレスラー。
小学生の頃からプロレスラーになる目標を持ち、NEO女子プロレスへの入団を志望していたが、同団体が解散してしまったため井上京子に師事して、2011年2月10日、ワールド女子プロレス・ディアナのプロテストに合格する。同年4月17日、里村明衣子戦でデビュー。WWWD世界シングル王座やセンダイガールズワールドシングルチャンピオンシップを戴冠するなどその実力者ぶりをいかんなく発揮。2020年2月29日をもってディアナを退団し、活動拠点を海外に移すことを表明。現在、WWEデビューに向けてトレーニングに励んでいる。
www.sareee-mania.com
YouTube:Toukon Sareee Channel
Twitter:@1996Sareee

自己投影観戦記 できれば強くなりたかった

第99回

底が丸見えの底なし沼2020

椎名基樹

椎名基樹（しいな・もとき）1968年4月11日生まれ。放送作家。コラムニスト。

緊急事態宣言が延長されて、さらに家の中に閉じ込められることになり、時間つぶしに苦労する。しかし、なぜだか偶然にもこの1カ月はプロレスについて考えさせらるテーマが、さまざまなところから提示されて、暇つぶしにひと役買ってくれた。昼夜逆転した1日を、底が丸見えの底なし沼にずぶずぶとはまり込んで過ごしている。

本誌『KAMINOGE』の先月号で、ターザン山本！は、第1次UWFでスーパー・タイガー（佐山サトル）vs前田日明が不穏試合になったのは、団体の崩壊が決定していた故にその理由づけのアングルだと言った。しかもそれは暗黙の示し合わせにより行われたという。

ターザンが言うのだからそれはその通りなのだろう。しかし「暗黙の示し合わせ」ってなんだ？　漠然とノーコンテストになるようなガチンコめいた試合をやろうと前田と佐山が認識していたという意味なのだろうか？　しかし、あの試合にふたりの生の感情がまったくなかったとは到底思えない。またUWFを解散してお互いに別々の道を進むつじつま合わせと、ファンやマスコミの注目を集めて幻想を作り出すためにシュートマッチを演じたというには、あまりに佐山が損をした試合に思える。佐山は餞別がわりに前田たちに幻想を提供したというのだろうか？　思えば前田は不穏試合によって名を上げていった。その最初の試合が佐山戦だった。

YouTubeの前田日明チャンネルで前田とターザンの対談が行われた。司会は本誌の井上編集長が務めた。その中でターザンが前田に面と向かって「リングスはグレーだった」と言うのを見て驚いてしまった。一昔前だったら殴られていたはずだ。またターザンが嫌いな理由を前田は「自分たちはアングルの中で生きている。ターザンはアングルを変えてくるので、自分のアングルがぐちゃぐちゃにされる、だから嫌いだった」と発言していた。時代が変わったなぁと思う。それにしてもここまで突っ込んだ話をするスターレスラーは前田日明くらいだ。時代が求めるものとYouTubeというメディアを理解しているからこそのサービス精神に違いない。このサブカル理解度の深さも前田日明の大きな特徴に思える（プロレス界ではサスケとツートップ）。

その前田チャンネルに成瀬昌由が登場した。プロレスラーを引退したあと、現在は東京でトレーニングジムを経営しているという。成瀬と前田が懐かしそうに語ったリングス修行時代のトレーニングの話を聞いて耳を疑った。

成瀬がいちばん恐ろしかったのは受け身の練習だった。選手をトップロープに立たせて、前田がデッドリー・ドライブの要領でマットに投げつけた。また苦しい練習として、回数の終わりを決めずにする腕立て伏せを、成瀬は挙げていた。あるとき、高阪剛に回数無制限の腕立て伏せを命じたまま前田は出かけてしまい、4時間経って帰ってくると、まだ高阪は腕立て伏せを続けたままだった。

って、ちょっと待ってよ。これってどっちも小林まことの漫画『1・2の三四郎』（講談社）に出てくる、三四郎の修行時代のエピソードじゃん。リングスは『1・2の三四郎』の連載終了後にスタートしている。漫画がリングスのエピソードを拝借したということはありえない。

前田が漫画を真似たとすると、受け身の練習はまだ理解できる。しかし腕立て伏せのエピソードを意識的に再現したとしたら手が込んでいる。いや込みすぎていてちょっと怖い。成瀬と前田が「暗黙の示し合わせ」でプロレスラー幻想を高める作り話をしたとしたら、この底が丸見えの底なし沼は相当深い、困惑するほど（笑）。

先月の変態座談会で、立野紀代が「相手にケガをさせるレスラーは最低だ」と教わって育ったと語ったことにとても驚いた。ブル中野を筆頭にひと世代下のレスラーは口を揃えて「やったもん勝ち」と言うからだ。短い時間の間に全日本女子プロレスのマットにいったい何が起こったのだろう？

そもそも「やったもん勝ち」でプロレスが成立するものなのか？　いやしかし、たしかにそれは成立していたのだ。女子プロレスラーの言葉にはまったく嘘がない（女子プロレスラーたちの純真さには会うたびに驚かされる）。ただ、命の危険を感じながら相手の技を受け、観客を魅了し、試合を成立させるそのさじ加減がどうしても理解できない。「演技」と「殺意」が両立する心の整理の仕方がわからない。

クラッシュブームが去ったあと、突然全日本女子プロレスのマットに弱肉強食のマッドマックスの世界が広がった。見かけも含めて（笑）。時代の徒花のように短い間だけ、世界にも類を見ないようなハードコアレスリングが誕生した。同時期、全日本プロレスに四天王プロレスが生まれた。これも同じく世界にいままでなかったような、そしてこの先も現れることがないようなハードバンプのプロレスだった。同じ狂気が同じ時期、同じ場所に生まれたことには何か理由があるはずだ。

全日本プロレスは「王道」プロレスを謳った。言葉だけ取ると王道プロレスとは、ショーマンシップ溢れるプロレスらしいプロレスのような気がする。しかしプロレスらしいプロレスとは「アングル」に沿ったストーリーテリングのことだ。それは新日本プロレスのことだ。「王道プロレス」とは「邪道プロレス」とは異なるスタイルの同じハードコアプロレスのことだったと今更ながら気がついた。

KAMINOGE FULL THROTTLE

現役バリバリのプロレスラーが30代にして高校卒業から大学進学！ その真意はムイビエン!!

収録日：2020年5月8日
撮影：タイコウクニヨシ
試合写真：© プロレスリング・ノア
聞き手：井上崇宏

プロレスリング・ノア／フルスロットル

大原はじめ

プロレスラーという肩書きがあるからこそやらせてもらえることも多いけど、さらに信頼度を高めるためにもっと勉強しよう、資格を取ろうと思ったんです。その資格を取るときの条件がだいたい〝高卒以上〟なんですよ

卒業証書
大原 甫
昭和五十九年七月二十四日生
右は本校において高等
学校普通科の課程を
卒業したことを証する
令和二年三月七日
川崎市立橘高等学校長 吉田 宏
第二三六六七号

「髙田（延彦）さんが中学生のときにやっていたことと同じことをやらなきゃと思って、中2で学校に行くのをやめちゃったんですよ」

——大原さんは今春、大学に入学されたんですよね。

大原　そうですね、はい。

——その直前の3月にはなんと定時制高校を卒業されていて。プロレスラーがバリバリの現役中になぜ高校・大学へと進んだのかを今日はお聞きしたいと思いまして。

大原　なるほど。わかりました。

——もともと中学を卒業してプロレスラーになったんですよね。中学時代は髙田道場にも通っていて。

大原　そうです。ボクの家は武蔵小杉だったので、最初に髙田道場があった（大田区）池上まで自転車で20分ちょっとで通えたんですよ。

——時期的にKUSHIDA選手とかぶってるんですよね。

大原　KUSHIDAさんは1個上なので、ボクが中2で入ったときに中3でいて、1年間くらい一緒でしたね。

——どうして髙田道場に入会しようと思ったんですか？

大原　まずボクがプロレスと出会ったのは、中学のときにスーパーファミコンのプロレスゲームが流行っていたんですけど、それまでボクはプロレスって知らなかったんですよ。実際には存在しない、ゲームの中だけの架空のものだと思っていて。それがある日、新聞のテレビ欄を見たら「プロレス」っていう文字があったので、「えっ!?」と思って録画をしてみたら、それが三沢（光晴）さんとジョニー・エースの武道館での三冠ヘビー級選手権だったんですね。それをビデオで観て「プロレスってホントにあったんだ！」ってビックリしちゃって。なおかつタイガードライバーを観て、腕をこうやってクルン、ドーンっていうのにあまりの衝撃を受けて「なんでこんなことができるんだろ!?」と思って、もうビデオテープが擦り切れるくらい何回も巻き戻して観たりして。そこからのめり込んじゃったんですね。

——出会ってしまった瞬間から。

大原　それでさらに調べていったら『週刊プロレス』っていうのがある、『週刊ゴング』っていうのがある、あとは『ファイト』っていう新聞みたいなのもある、ってだんだん知識が貯まっていって、近所のレンタルビデオ屋さんに行ったらプロレスコーナーがあるし。

——ピントが合っていなかったから見落としていただけで、じつはプロレスっていろんなところにありますからね（笑）。

大原　それを片っ端から観ていくうちにどんどん知識が深まっていって。それで「これはもう観るよりもやりたい！」っていう気持ちが強くなって、最初の三冠戦を観たのが中1の2月くらいだったんですけど、4月にはもう「プロレスラーになる」っていう頭になっていましたね。それでお父さんに相談したら、「じゃあ、近所に髙田延彦の道場があるからそこに行きなさい」って話になって。

――大原さんの世代って、ゲームがプロレスの入口だったたって人が多いですよね。

大原 多いと思います。昭和の最後のほうとか、平成の最初のほうに子どもだった世代はそうですよね。

――でも中学生が「将来はプロレスラーになりたい」って言ったら、たいていまわりの大人は「なれるわけないだろ」って言いますよね？

大原 もちろん学校の先生とかまわりの人は「なれるわけがない」が前提でありつつ、ある程度は「本人がやりたいなら」って感じでしたね。それでボクの場合はちょっと頭がおかしかったので、当時はいろんなプロレス本を読み漁っていたんですけど、髙田（延彦）さんがプロレスラーになるために、住んでいた団地の前で（回数を数えるための）マッチ棒を持ってスクワットをやっていた、学校にもあまり行っていなかったみたいなことが書いてあったんですね。

――髙田さんが中学生のときの話ですよね。

大原 それでボクも中学生じゃないですか。単純だから、それを読んで「俺も同じことをしなきゃ！」と思って学校に行くのを中2でやめちゃったんですよ。

――ああ、凄い（笑）。

大原 正確に言うと、髙田さんがやっていたことを午前中にやっていたんです。最初はスクワット1000回はできなかったんで200回から始めてみたり、あとは多摩川を走ったりとか。それをやって午後から学校に行って、休み時間にお弁当を食べてから放課後は体育館に行ってマット運動をするっていう、ちょっと頭のおかしなことをしていたんですよ。

「プロレスラーになるにはどうしたらいいかと考えたとき、とりあえずちゃんこ番のために料理を覚えようと思ったんです」

――わりともう本物のプロレスラーと同じような時間の過ごし方をしていたってことですね（笑）。

大原 変わった不良ですよね。

――不良だったんですか？

大原 不良ですよ。だって授業に出ていないんですもん。先生からすれば「授業に出ろ！」っていう感じなんですけど、そこでボクは「いや、先生。みんなは高校受験のために勉強してがんばってるでしょ？ 俺はプロレスラーになるために

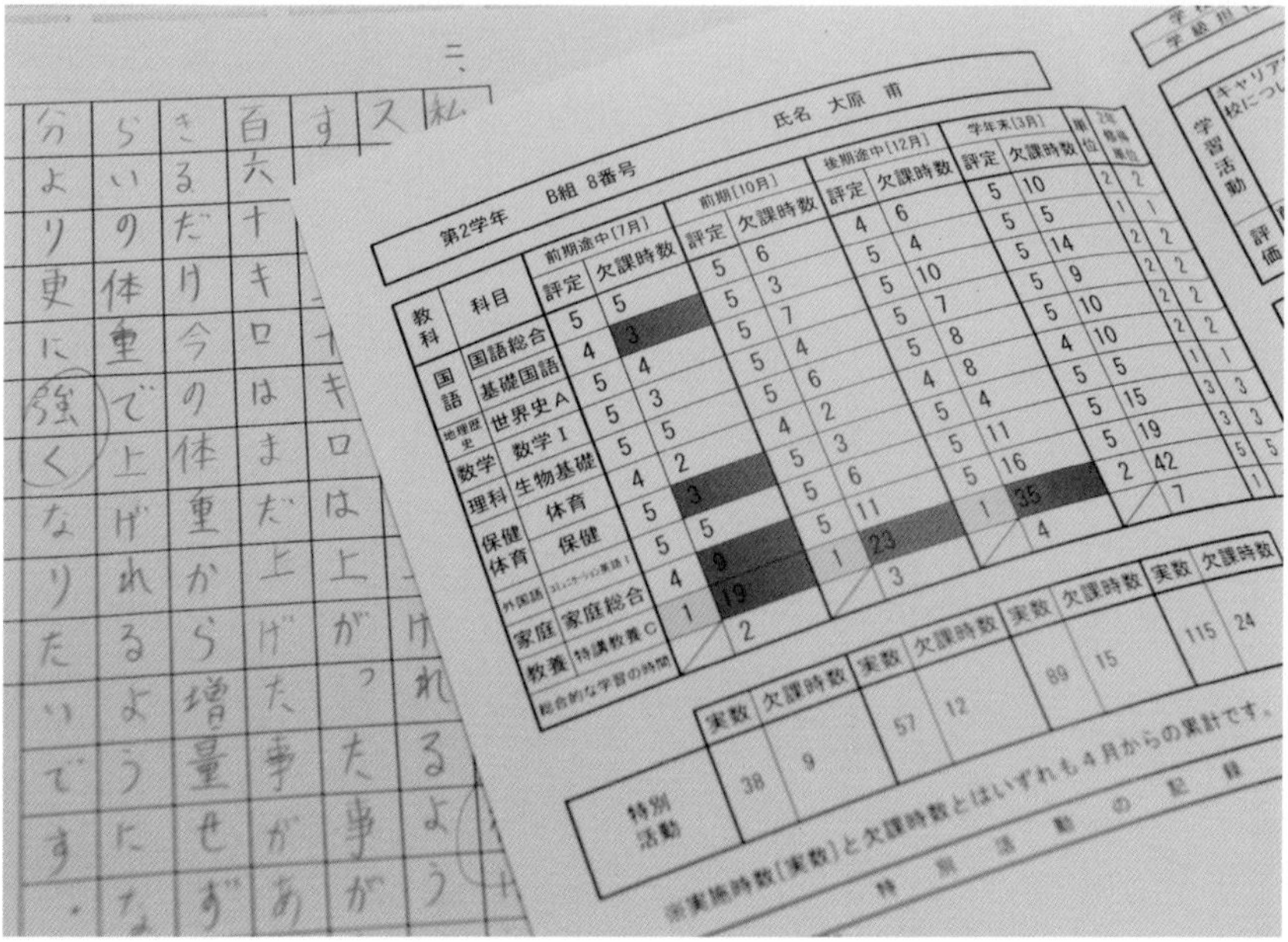

努力してるんだよ。先生はスクワット100回できる？ っらいんだよ」っていう謎の理論武装をしてですね。

――「むしろ勉強よりもしんどいんですよ」と（笑）。

大原 それと高田道場からアマレスの大会に出て、横浜とか東京選抜の大会に出て全部優勝していたんですよ。そのメダルとかを学校に持って行って、先生に「部活じゃないけど優勝したから、月曜日の全国集会で表彰しろ」って言ったりとか。それで校長に表彰させて、「俺は結果を出してるぞ！」っていうアピールをして。

――なんか、めんどくさそうな生徒ですね（笑）。

大原 それとちょっと変わった英語の先生が赴任してきたんですね。その先生が来た途端に「相撲部を作る」って言いだしたんですよ。ボクは『スラムダンク』の影響で幽霊部員だったんですけどいちおうバスケ部所属だったんですね。それで、その先生が体格がいいヤツとかをスカウトしまくっていて、ボクにも「相撲部に入ったら焼肉でも寿司でもなんでも食わせてやる」って言ってきたんですけど、「いや、バカ言っちゃいけないよ。相撲なんてやんねえよ。俺はプロレスラーだ！」って言ったら、先生に「バカはおまえだ。プロレスラーは異種格闘技戦をやるだろ？」って言われて、「そうだ！ これはやらなきゃ！」と思って相撲部に入ったんですよ（笑）。

――なんか、先生もアホそうな学校ですね（笑）。

大原　それで相撲部に入ったら、ほかに体格がいいデブたちが3人くらい集まっていて。団体戦に出たら、たしか川崎で2位かなんかになったんですよ。それで県大会でも2位か3位だったかな、けっこう優秀だったんです。だから相撲で結果を出しちゃったんで、高校からスポーツ推薦みたいな話もけっこうあったんですけど、あくまでボクは「いや、プロレスラーになるんだ！」って言っていて。でも高田道場で練習をしていると、桜庭（和志）さんとスパーリングをしてもらったりとかもするんですよ。スパーリングといっても桜庭さんからしたらほぼ遊びですけど、それで簡単に押さえつけられてからくすぐられてっていうのをずっとやられるし、プロ志望の練習生の人たちの生活も見ていたので、自分があきらかにこの環境に入れるレベルじゃないっていうのが容易にわかったんですよ。それで「どうしよう」って考えたときに、とりあえず高校に行く意味はまったくないと。勉強する気もないし。じゃあ、プロレスラーになるにはどうしたらいいかと考えたら、とりあえずちゃんこ番のために料理を覚えようと思ったんですね。

――ウソでしょ!?

大原　ホントです。だから中学を卒業して服部（栄養専門学校）に入ったんですよ。

――服部幸應先生が理事長をやってる学校ですよね。

大原　そうです。

――ちょっと待ってください（笑）。「プロレスラーになるために、まずはうまいちゃんこを作れるようになろう」という動機で？

大原　はい。

――頭おかしいですね（笑）。

大原　いやいや、ボクなりにいろいろと研究した結果、「ちゃんこ番で料理のできる若手は絶対にかわいがられる」と思ったんですよ。だからプロレスラーとして成功の一歩は、まず料理がうまいことだし、料理ができたら自分の身体作りとかにも役立つじゃないですか。あとは調理師免許は国家資格なので、もし自分がケガをしてプロレスができなくなったときに人生の保証にもなるし、周囲を納得させる材料にもなると思ったんですよ。

――だんだんと納得させられてきました。

大原　もともと自分は料理が好きで、じつは小学校のときにひとりだけ女子の中に混じってクッキングクラブに入っていたんですよ。それくらい根っからの料理好きなところがあるという自己分析をしたので料理学校に行ったんです。それで学校で料理を学びつつ、近所に有名なイタリアンレストランがあったんですけど、そこのオヤジさんに「べつにお金はもらおうとは思わないので、タダでもいいから修行させてください」って頭を下げに行ったら快く迎え入れてくれて。夕方に学校が終わってからそこで修行するんですけど、高田道場にも行きたいから20時くらいにはあがらせてもらうので、たった2時間半とか3時間なんですけど、毎週月曜から金曜まで働かせてもらいましたね。だから料理学校に行って、修行をして、高田道場に行ってみたいな生活を16歳のときから始めて。

「浅井さんから『人間的には認めるけどプロレスはまったくダメだ。メキシコでは料理の道で名を上げていけ』と言われて」

――高校には行きませんっていうときの親の反応はどうだったんですか？

大原　「専門学校に行って国家資格を取るんだったらいいよ」っていう感じでしたね。でも服部に行ったら、やっぱ中卒ってボクくらいしかいないんですよ。

――まあ、ボクらの世代でも中卒って珍しいですからね。

大原　しかも「西の辻、東の服部」って言われている料理界でもトップクラスの学校なので、「帝国ホテルに入ってやる！」とか「オークラに入ってやる！」みたいな思考の人たちばっかり集まってるのに、こっちはプロレスラーになろうと思って入ってるんで（笑）。高卒が半分以上、大卒が3分の1くらい、残りは社会人経験者みたいな感じなんで、もうひとりだけ浮きまくりですよ。

――服部は2年ですか？

大原　1年です。だから高2になる年に卒業しましたね。それで調理師免許も取って、引き続き料理の修行をしつつで高田道場に通ったり、ジムに行って身体を鍛えるっていう生活をしていましたね。

――のちに登龍門に入門したとき、ウルティモ・ドラゴン校長から「おまえの作る料理はうまい！」って褒められたんですよね？

大原　そうなんですよ。メキシコに行ってデビューしたくらいのときかな。浅井さんに「朝メシ作ってくれ。卵は5個で、白身3つの黄身が2つな」って言われのでオムレツを作っておいたんですよ。そうしたらいきなり校長室から「大原ー！」って呼ばれて「なんだろ？」って思って行ったら、「おまえ、なんでこんな帝国ホテルみたいなやつが作れるんだ!?」って言われて（笑）。

――さすが服部育ち（笑）。

大原　それで浅井さんが「いやあ、コイツは帝国ホテルのオムレツを作るんですよ」って頻繁に言ってくれたのでそういうキャラが定着して、それから毎日料理を作ることになったら、かわいがってもらえるようになって校長の付き人みたいな感じになって。

――本当にかわいがられた（笑）。

大原　やっぱり料理を習っておいてよかったって実感しましたね。なので、これは言ってもいい話だと思うんですけど、それでかわいがってもらえるようになったおかげで、じつはボクだけ早々に授業料免除、寮費もナシになってタダ住まいっていう。「おまえはいろいろがんばってるからいいよ」って。

――すげえ。

大原　だけど浅井さんには「いろいろがんばってるし、料理もうまいから、おまえのことは人間的には認める。だけどプロレスはまったくダメだ。せっかく調理師免許を持ってるんだからメキシコでは料理の道で名を上げていけ。それでたまに自主興行でプロレスやればいいだろ」みたいな感じで言われてちょっと複雑な心境だったんですよ。料理人としては凄く認められてるけど、プロレスラーとしてはまったくだったっていう（笑）。

――料理の腕が突出しすぎた（笑）。

大原　それで実際に闘龍門が懇意にしていた『デイゴ』っていう和食レストランがあって、そこにボクも浅井さんに連れられてよく行ってたんですけど、浅井さんがそこの大将に「コイツを働かせてやってくれ」みたいな話をして。

――料理人になれっていうのはマジだったんですね（笑）。

大原　そこでボクはプロレスラーじゃなくて料理人としてメキシコで這い上がっていく流れになったんですよ。それで「じゃあ、これから一生懸命働かせていただきます」みたいなタイミングのときに、新日本の田口（隆祐）さん、OKUMURAさん、MAZADAさんが3人で組んでCMLLで試合をしていたんですけど、急きょMAZADAさんが全日本かなんかに呼ばれてしばらくメキシコからいなくなることになって、ひとり穴が空いてしまったと。そこでたまたまボクが試合に呼ばれたんですよ。ウルトラマン、ソラール、あとはスペル・アストロだったかな、レジェンド3人が相手の6人タッグで1週間くらい地方を回るみたいなやつに白羽の矢が立って、それから戻ってきたときに闘龍門の事務所のメキシコ人から「おまえ、今度はアレナ・メヒコが入ってるよ」って言われて、それはあまりにも人のことをバカにしすぎってていうか、いくら冗談でもさすがにそれは言っちゃダメでしょっていう（笑）。

――「いまの俺はほぼ料理人だよ？」って（笑）。

大原　なので「はあ？」と思ってたらホントにアレナ・メヒコで試合が組まれていて、しかも3試合目からテレビマッチなんですけど、ボクもテレビマッチでなおかつ相手側にウルティモ・ドラゴンがいるっていう（笑）。それって普段は路上ミュージシャンとしてやってる人間がいきなり『ミュージッ

クステーション』に出るくらいの感覚ですよね。

——もう、ほぼありえない話なわけですね。

大原　メキシコって毎日あっちこっちで試合をしていて、普段はどっかよくわからない路上とか人んちの庭みたいなところとか、日本では想像もつかないようなところにリングがあってそこで試合をやっているわけですよ。観客が5～10人みたいなところでもよくやっていたし、それがいきなり1万人規模の会場でトップの人たちとやるっていうのが信じられなくて。あんなに人生が激変する瞬間っていうのはこれからもないでしょうね。だからアレナ・メヒコでのデビューが決まったことでレストランの話は立ち消えになったんですよ。

「高校に行こうと思ったきっかけは、20代後半に我が家に訪れた祖父母の介護だったんです」

——間一髪。そもそも、どうして闘龍門に入ろうっていうことになったんですか？

大原　当時のボクの感性だと、闘龍門がいちばんおもしろかったんですよ。「こういうプロレスをやってみたいな」っていうのがあって、なおかつ学校ということなので、そこを踏んでから自分で道を決めてもいいかなっていう、ちょっと軽い気持ちでもあったんですよ。あとは浅井さんが好きっていうのもありましたし。浅井さんのアメリカンスタイルもできて、日本のスタイルもできて、ルチャもできてっていうところに憧れましたね。だから髙田道場で桜庭さんたちとやったレスリングを知った上でルチャとかも知っていたかったし、WWEとかのアメリカンスタイルも覚えたいし、浅井さんが日本で学んでいたスタイルも身につけたい。そんな欲求からとりあえず闘龍門にとりあえず入ってみよう、勉強してみようっていうことでメキシコに渡りましたね。

——ちなみに闘龍門に行ったらオカダ・カズチカ選手もいましたよね？

大原　オカダはボクと同期ですね。彼は中学を卒業したばっかだったので、服部にいたときのボクみたいな感じでいちばん下っ端のホントに子どもでしたね。いまだから言ってもべつに問題はないと思うんですけど、オカダは練習にしてもちゃんこにしても、雑用だったりにしても、まったくなんにもできなかったんですよ。だから逆に言えば、いちばんなんにもできなかった人間が現在こうしていちばんのスターの位置にいるっていうのが素晴らしいことだなって思いますよね。

——のちに大原さんはハッスルに入団したり、SMASH、WNCといったところを転々とするわけですけど、2015年に正式に現在のノア所属となり。それからなぜ高校に入ろうと思ったんですか？

大原　きっかけは20代後半に我が家に訪れた祖父母の介護だったんですね。

――おじいちゃんとおばあちゃんのどちらとも介護が必要になったんですか？

大原　はい。まずおじいちゃんが自転車で転んで骨折して、寝たきりになってからだんだんと認知症になっていって。そのあとにおばあちゃんも認知症になっていったんですね。ただ、実家は3世帯住宅で1階におじいちゃんとおばあちゃん、2階がウチ、3階がお母さんの親兄弟家族っていう感じだったんで、介護がしやすい環境ではあったんです。それでボクの母が中心で介護をやることになり、ボクも手伝いで携わるようになってみて、テレビの中での世界だった介護問題とか超高齢化社会みたいなものが実際に自分の身に降りかかってきて、こんなにも過酷で大変なものなんだなっていうのを感じたんですよね。実際の現場って凄くつらいこともあるし、腹が立つこともあるし、介護されている側のおじいちゃん、おばあちゃんもしんどかったりするし。それを3年間続けていたんですね。

――介護生活を3年。

大原　それでおじいちゃんのほうが亡くなって介護から解放されたときに、こういった現状で自分にできることは何か、中卒のレスラーで何ができるかっていうのを考えたんですよ。そして、ウチのおじいちゃんのように高齢者が転倒してそのまま寝たきりにならないようにするにはどうしたらいいかとか。

――未然に防ぎたいと。

大原　それで、レスラーだからとりあえず筋トレは教えられるなと思って、近所の社会福祉施設で高齢者を対象とした体操教室っていうのをボランティアでやり始めたんですよ。それをやってみたらけっこう好評で、その輪がだんだんと広がっていって、区役所だったり市役所を経由していろんなところから呼んでもらうようになって。そこからのちに川崎市のスポーツ協会ともつながったりして、その活動が大々的に広がっていったんですよね。だからボクは地元では、川崎のいろんなところで筋トレを教えてるおじさんみたいな感じなんですよ（笑）。

――へえー。

大原　おじさんっていうか、あちこちで筋トレを教えているレスラーみたいな立ち位置になって。

――川崎市だけの大原さんの顔があるわけですね。

大原　そうですね。そこで思ったことは、そもそもボクに「プロレスラー」という肩書きがあるからこれをやらせてもらえているんだなと。「これがもしプロレスラーじゃなかったらどうなんだろう？」と考えたら、やっぱり信頼度がないんじゃないかなと思ったんですね。それと同時にボク自身がさらにちゃんとした勉強をして資格とかもあれば、まわりの地域の方々にもっと信頼してもらえるし、もっと役立てることができるんじゃないかと。それで勉強をしよう、資格を取ろう、そしてさらにレベルの高い講座をやっていこうと思ったんですけど、その資格を取るときの条件がだいたい「高卒以上」なんですよ。

——ああ、そういうことですか。

大原　それを知って「俺はスタートラインにも立てないのか」ってなりつつも、さらに調べているうちに大検って手もあるよなとなって。要するに勉強して認定試験に受かって高卒の資格を取るみたいな。「じゃあ、それをやるかな」ってことを周囲に漏らしていたんですけど、そうしたら出身中学の校長先生から「あなた、高校に行っちゃいなさいよ」って言われたんですよね。でもボクは地方巡業とかもあるから高校に通うのは無理そうじゃないですか？　だけど「ちゃんと学校に行って勉強するのがいちばんいいし、プロレスラーだからこそそういう経験もしておいたほうがいいわよ」みたいなことを言ってくれたんですよ。それで自分でも「たしかにそれはそうだな」と。プロレスラーが普通の人と同じ生き方をしていてもしょうがないし、やっぱり生き様を見せないとおもしろくないでしょうから、だったら「中卒プロレスラーが高校に行ってみた」ってのをやってみるのはおもしろいじゃんと思ったんですよ。それでウチのすぐ近所にあった川崎市立橘高校の定時制に行くことを決めて、願書を出して面接を受けて、大人だったから作文だけでオッケーで、それで合格して入ったみたいな感じだったんですよね。

「通知表はほとんどの教科が5だったんですけど、体育だけが4だったんです。プロレスラーなのに（笑）」

——しっかりとした目的があってのことだったんですね。

大原　でもボクの定時制のイメージって、西田敏行さんの映画『学校』だったんですよ。水商売のおねえちゃんがいたり、韓国人のおばちゃんとかヤンキーっぽいおにいちゃんがいたり、普通のおじさんもいて、みたいな。そういうイメージで学校に行ってみたら、大人なんか誰ひとりいないんですよ（笑）。

——然るべき歳の子たちだけがいたと（笑）。

大原　現役の子たちだけだったのでビックリしましたよ。

——服部では最年少で、高校では最年長っていう（笑）。

大原　だって2年と3年のときなんか、担任がボクよりも歳下ですからね（笑）。それで入学したとき、ちょっとヤンキーっぽいおにいちゃんたちが挨拶に来たんですよ。それで「大原さんっていくつなんですか?」って聞かれて、「あっ、俺？　32だよ」って言ったときの「やべえ、ウチの母ちゃんと同い年だ」っていう言葉はいまだに忘れられないですよ(笑)。

――同級生の親とタメ(笑)。それで高校生活はちゃんとプロレスと並行しながらできたんですか?

大原　だからそこでもビックリしたのが、定時制って社会人のため、サラリーマンとか工場とかで働いてる職人とか、いろんな大人の人が行くものだと勝手に思い込んでいたんですね。でも大人のためになんて微塵も考えられていないんですよ(笑)。まず、定時制っていうのはシステムとして3年通う三修制か、4年通う四修制かなんですね。それで基本的には4年で卒業するのが定時制なんですけど、ボクは一刻も早く卒業したいので三修制を選んだんです。その三修制と四修制は何が違うかっていうと1日1時限多いんですよ。

――四修制のほうが1年多いぶんだけ時間割がゆるいってことですね。

大原　そうなんです。それで1時限何が多いかっていうと「自学習」なんですよ。自習して外部単位っていって外の単位を取るんですよ。要は英検だとか、漢検、ビジネス文書検定とかいろいろあるんですけど、そういうのを2単位取っちゃえば3年で卒業できるっていう。ボクはそれを選んでたので16時40分からの授業なんです。でも16時40分っていう時点で働いている大人はまず来れないでしょって思うんですけど。

――まあ、プロレス会場だとリング設営も終わっている時間帯ですよね。そろそろアップしなきゃっていう(笑)。

大原　だいたい試合開始が18時半からだから、もう会場入りしてますよね(笑)。絶対に間に合わないんですよ。16時40分から授業が始まって、18時50分からお弁当の時間があって、19時20分から3時限目が始まって最後は21時くらいに終わるんですよ。だから感覚的に言えば16時半～21時までは拘束されていると。

――くしくもケツも後楽園の撤収時間とかぶりますね(笑)。

大原　そうそうそう(笑)。そんな感じだったからボクは休む日が多かったんですよ。ただ、そうすると単位が怖くて、だいたい週1回ある科目というのは7回までは休めるんですけど、8回休んじゃうとどんなにテストの点数がよくても進級できないんですよ。それが凄い恐怖とストレスで。でも、なんとかギリギリで行けたんですよ。

――本当にギリギリだったんでしょうね。

大原　危なかったです。それとその頃、『下剋上受験』って深田恭子のドラマがあって、中卒の親が子どもを名門中学を受験させるために奮闘するってやつだったんですけど、それと『ビリギャル』も流行っていたときだったので、ボクもちゃんと勉強してテストで100点を目指してたんですよ。そうしたら1回だけ6教科中5教科が100点だったんですよ。1

PRO WRESTLING
15th

教科だけちょっと点数が低かったんですけど。

——凄いじゃないですか。

大原　それで通知表を見たら「5、5、5、5……」ってあって、1個だけ4があったんですよ。オール5まであと一歩で、なんとその4が「体育」っていう（笑）。

——逆でしょって。体育だけ5ならわかりますけどね（笑）。

大原　プロレスラーの通知表で体育だけがよくなかったっていう（笑）。体育は試合と重なっていて休みが多かったことと、ボクってバドミントンとか卓球がめっちゃできないんですよ。おじさんだから羽とかちっちゃい球がよく見えないし、当たってもうまくコントロールができないんです。

——でも、わりと真面目な高校生活を送っていたんですね。

大原　毎回テストはほぼ90点以上で、成績自体はよかったですね。ちゃんと3年で卒業しましたし。


「30代のうちに中卒から大卒になるっていうのはおもしろいな、夢があるなと思ったんですよ」


——そうして晴れて卒業して、高卒となったのが今年の3月のことですよね。そこからすぐ大学に進むっていうのは、もともと青写真としてあったんですか？

大原　いや、最初はそこまで考えてなくて、ただ高校に行ってみて思ったことは、凄くつらかったんですけど、人間為せば成るものだなと。やっぱ月から金、16時半〜21時まで学校に通うってきつかったですけど、それでもなんとかこなすことができて、「やっぱり行ってよかったな」という実感がありつつ、「このまま学びを止めるのはどうなんだろう」って思っていたときに、大学のほうからお話があったんですよ。

——あっ、そうなんですか。

大原　だから、じつはボクは特待生みたいな感じで入ったんですね。星槎大学っていうところなんですけど、そこにはスポーツ選手のセカンドライフを支援するプログラムみたいなのがあるので、そこに来ないかということで。それでボクは地元の消防団に入ってるんですけど……。

——いろいろやってますね！（笑）。

大原　その消防団でお世話になっている方のご兄弟がその星槎大学の関係者の方だったみたいで、その方から声をかけていただいたんですよね。「30代のうちに中卒から大卒になるってておもしろいな、夢があるな」と思ったんですよ。

——そうですよね。中学〜アレナ・メヒコ〜高校〜大学っていうルートはまずないですからね（笑）。

大原　アレナ・メヒコの前に服部もありますから（笑）。

——順番がめちゃくちゃですよね（笑）。それでいま、大学では何を学んでいるんですか？

大原　スポーツメンタルトレーニングだったり、スポーツ栄養学とかをやってますね。それで社会福祉士の資格だったり教員免許も取れたりしたらいいなと。

——あー、教員免許まで取ってほしいですね。

大原　あとボクは武蔵小杉のエリアマネジメント理事っていうのをやっていて、要はまちづくりですね。

——街も作っていらっしゃる？（笑）。

大原　地域のコミュニティづくりというか、いま武蔵小杉ってタワーマンションがボンボンできているので、そこで新しい住民と昔からの住民っていうのがいるので、そこの輪を作ろうよっていう。川崎市って毎年ハロウィンが凄くて、そこでボクも街の催し物に携わっているんですけど、そこになんとかプロレスを導入しようと思っていろいろやって動いていたんですね。それで2年前に1日警察署長をやらせてもらったとき、武蔵小杉の駅前にリングを設置して、ボクの夢でもあった武蔵小杉プロレスが実現できたんですよ。だから今後も、地元でもっともっとプロレスを大々的にやりたいと思っていて、ノアと武蔵小杉の共催ぐらいのことをやりたいねっていう話をしています。やっぱりボクはメキシコ育ちだから、街とプロレスが当たり前のように共存する関係っていうのを作りたいんですよ。それは日本では新しいプロレスの形を作るということになりますし、同時に新しいノアの形をボクが作り出すことができるんじゃないかなって。

——ああ、立派な学生さんですね（笑）。

大原　アハハハハ。これまでプロレスでベルトもさんざん巻いてきて、メキシコでは毎週1万人の前で試合をしてきて、ひと通りの経験はさせてもらったとは思っているので、今後はノアのこれからの世代の若いコたちをいかに育て上げられるかっていうのも考えていきたいんですね。そこでいまやっているスポーツメンタルトレーニングとかスポーツ栄養学っていうのも凄く役立つと思うんですよ。最近、勉強していて思ったことは、ボクら世代はそういうことを教えてもらっていないなって。ほかのスポーツ業界だと当たり前のようにメンタルトレーニングの講師や栄養士がいたりするのに、どうしてプロレス界にはいないのかなって思ったんですね。だからボクが大学でそういう勉強をちゃんとやって、これから入ってくるコたちにそれを実践してあげられたら、よりノアの底上げというか、プロレス界の選手の質向上にもつながるかなって。ボクももう30半ばですし、ボクのなかでプロレスラーは20代半ばくらいで全盛期を迎えてるっていうのが理想だと思ってるので、これからは選手と並行して、そういうコたちをたくさん作れるような、サポートできるような立場になっていきたいと思いますね。だから、もっともっと勉強です。

大原はじめ（おおはら・はじめ）
1984年7月24日生まれ、神奈川県川崎市出身。プロレスラー。
プロレスラーを志し、中学生のときから高田道場で腕を磨く。中学卒業後、服部栄養専門学校に通って調理師免許を取得。2003年に闘龍門JAPANに入門し、2004年5月13日、松山勘十郎戦でデビュー。CMLL、ハッスル、SMASH、WNCなどを経て、2015年3月にプロレスリング・ノアに正式入団。「NPO法人武蔵小杉周辺エリアマネジメント」理事就任、定時制高校入学など独自の行動を起こし、2020年4月には星槎大学へ進学し、リング上では同年5月10日、杉浦軍を脱退して、小峠篤司、吉岡世起とともに新ユニット「フルスロットル」を結成してさらなる飛躍を誓う。

プロレスラー

安納サオリ

イケナイ自粛警察

撮影：タイコウクニヨシ

不要不急の外出を繰り返す
ター[redacted]ン山本！（74歳）を
東京葛飾区の自宅アパートで確保！

[自粛警察とは？]
新型コロナウイルス感染拡大に伴って生じた社会的風潮のひとつで、不要不急の行動をしている人間に対し、行きすぎた干渉や攻撃をする姿勢を指す俗語である。

POLICE

孤独死は最高のダンディズム？
かわいいわね、なに強がってんのよ。

POLICE

ねえ、ハゲ。
私と濃厚接触したいの？
※こちらの警察の方、
いきなり下着姿になりました。

もう少しだけ我慢できないの？
家でおとなしく週プロを読んでなさい。

『イケナイ自粛警察』P166 からの後編に続く

THE PEHLWANS

［五木田智央］

TARZAN Tシャツ

［ShinsukeNakamura］

CHOSHU RIKI Tシャツ

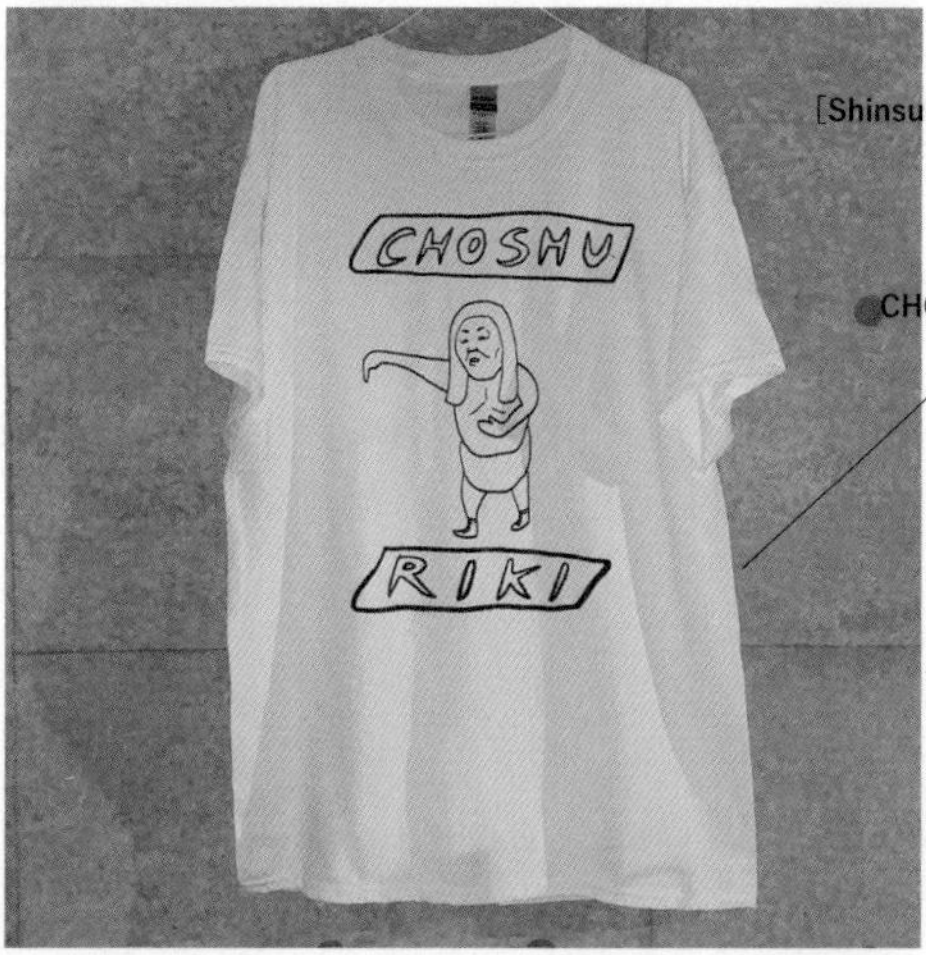

https://thepehlwans.stores.jp

中邑画伯のぬりえコーナー

第26回『トニー・ホーム』

最近、中邑画伯がツイッターやインスタグラムで毎日のようにアップしている『○○○○ HOME』シリーズ。不要不急の外出を自粛して、おうち時間を楽しもうねってとこだと思うんだけど、今回のぬりえはそのスピンオフ。トニーーーーーー・ホーーーームだ!!

ぬったイラストを写真に撮って、ツイッターやインスタグラムなどに投稿してみよう。そのときはかならず「#中邑画伯」を忘れずに。そうしたら、みんなの作品を中邑画伯や編集部員たちが見つけてニンマリすることができるから！

兵庫慎司のプロレスとはまったく関係なくはない話

第60回 知らんがな

「すみません、ヨシムラさんというお墓、どこなのか知りませんか?」

うちの墓はお寺の境内墓地の中にあるのだが、そこで墓の掃除をしている時に、突然、そう声をかけられた。60代後半くらいのおっさん……そう、そのくらいの歳だともう「爺さん」より「おっさん」のほうがしっくりくる、そんな時代になっていますよね、いつの間にか。自分が51歳という、だいぶいい歳だからかもしれませんが。

話がそれた。戻します。そのおっさん、ひとりで来ていて、花を携えている。そして、彼はヨシムラ家の墓の場所がわからない。ということは、亡くなったご友人だか知人だかを参りに来たのだろう。

「すみません、わからないです」と答え、その場から離れたのだが、しばらく歩いたところで、ハッと気がついた。

今のって、この世に存在するありとあらゆる「知らんがな」の中でも、最上級に位置する「知らんがな」じゃない?「ベスト・オブ・ベスト」ならぬ「知らんがな・オブ・知らんがな」じゃない?

たとえば。渋谷の道玄坂で「すみません、このへんで鳥清っていう焼き鳥屋、知りません?」と、あなたが問うとする。無論大半の人は「知らんがな」だろうが、相手が日常的にそのへんを歩いている、という時点で、「入ったことはないけど、前をよく通るから場所は知ってるよ」という答えが返ってくる確率は、ゼロではない。「あ、今から行くとこだから、ついて来てください」という、僕のような奴に当たる可能性だって、まったくないとは言えない。

たとえば。近所の銭湯のサウナで、隣の爺さんが「ヤマモトさんって知ってます?ほら、80歳ぐらいの。最近見かけないから、具合でも悪くされたのかなと思って」。

これも「知らんがな」が圧倒的多数だろうが、同じ銭湯の同じサウナに通っていて、肩を並べて汗ダラダラかいているうちに、声をかけたりかけられたりするようになっ

兵庫慎司

(ひょうご・しんじ) 1968年生まれ、広島出身、東京在住。音楽などのフリーライターですが、コロナからこっちほぼ開店休業状態です。2019年11月21日発売の著書「ユニコーン『服部』ザ・インサイド・ストーリー」(リットーミュージック)、書店とSMAやアマゾン等の通販サイトで買えます。

て、ヤマモトさんと面識ができた、自分はそうなんだから、ほかにもそういう常連がいるかもしれない、と爺さんが考えたとしても、そんなにおかしなことではない。

その爺さんだって、自分ともヤマモトさんとも顔見知りの常連がいれば、そっちに訊ねただろう。そういう知り合いに出くわさないから、もしくは自分にとってそんな顔なじみの常連はヤマモトさんしかいないから、という可能性も考慮すれば、彼が、当てずっぽうに自分に声をかけたのにも、納得がいこうというものだ。

それでも「番台で訊けよ」という問題は残るが、それはいったん棚に上げます。

さて。というふたつの例と比較すると、墓地における「ヨシムラさんというお墓、どこなのかわかりませんか?」の「知らんがな」度合いが、いかにケタ違いであるか、わかっていただけると思う。

だって、覚えます? 自分ちのやつ以外の墓を。普通、どんなにそのお寺に長年通っていたとしても、ひとつたりとも覚えないだろう、そんなの。たまたまそこに有名人の墓があるとか、知人の墓もあるとか、そういう事情がない限り。

敷地に入って、コウモト家とマシマ家の間をまっすぐ行って、コバヤシ家のところを左に曲がって3つ目、キリタ家の左隣がうちの墓です、なんて覚え方、する? しないでしょ。まんなかの通路を入って2つ目の角を左、みたいな覚え方でしょ、どうしたって。

ゆえにだ。「ヨシムラさんちのお墓はここですよ」と即答できるのは、そのヨシムラさんちの関係者だけだが、僕がいるのは兵庫家の墓の前であって、その時点で「ヨシムラさんち無関係者」であることは、彼の目にもあきらかなはずなのだ。そこで「兵庫さんちの関係者でも、ヨシムラさんの墓の場所も知っているかもしれない」なんていう、アクロバティックな期待をされても、ただただ困るばかりだ。

なのに、「この墓地にいるんだから知ってるかも」くらいのフランクさで、スーパーオオゼキの店員に「ズッキーニどこですか?」と問うみたいに、「ヨシムラさんちの墓」の場所を訊かれても。どうでしょう。「知らんがな・オブ・知らんがな」でしょう、これはまさに。

ただし。最初の道玄坂で「鳥清どこですか?」と、この「ヨシムラさんのお墓、知りませんか?」には、決定的な差異がひとつある、ということも、看過してはいけない。それでは公平ではない。クラッシュギャルズ全盛期の頃の故・阿部四郎くらいフェアじゃない。

その差異とは何か。鳥清は、グーグルマップで検索かければ一発で出るが、「ヨシムラさんちの墓」の位置を調べるすべはない、という点だ。墓地の入口にマップなんかないし、寺の公式サイトを見ても、そんなの載っていない。

という意味では、「銭湯のサウナでヤマモトさんの安否を気にするジジイ」も、おそらく同じだ。ジジイ、ヤマモトさんのメアドとか、フェイスブックのアカウントとか、知らないだろうし。

なので、そんなおふたりに、私から言えるのは、俺じゃなくて寺に訊け! 番台で訊け! ということだけなのでした。

それでもわからないかもしれませんが。特に後者は。

KAMINOGE COLUMN

KAMINOGE TESTOSTERONE

ナンパバカ一代！ 元Ｊリーガーはいかにして
プロナンパ師になったのか⁉

収録日：2020年5月11日
撮影：タイコウクニヨシ
聞き手：井上崇宏

FU-TEN GYM代表

武藤友樹

いちばん女にモテるのは
ヤンキー、ヤクザ、格闘家ですね。
彼らはオスとして強くて、
ピラミッドの頂点にいる人たちだから。
でもそういう人たちって結局はやさしいんですよ。
だから朝倉兄弟あたりが最強でしょうね

45

「サッカーでプロになりたかったのはやっぱ女にモテるためっスね（笑）」

——ボクはサッカーにはまったく明るくないんですが、今日はよろしくお願いいたします。

武藤　でもサッカーの話じゃないんですよね？

——ですね（笑）。東京に住んでいると、いろんな各方面の噂話を耳にするんですけど、いま表参道の風紀を乱しているのが武藤さんということで。

武藤　たしかにここらへん（表参道）ってお金持ちのエリアで、そこの民度をボクがひとりで下げている状態ではありますね。とても迷惑な存在だと思います（笑）。

——つまり武藤さんは元Jリーガーであり、現在は表参道を主戦場としているナンパ師っていう（笑）。

武藤　そうなりますかね。サッカーは1年だけですけどプロでやってました。もともと小学4年から中学3年まで、柏のジュニアとジュニアユースにいたんですけど、サッカーはお兄ちゃんがやっていた影響で小1から始めて、最初からうまかったんですよ。

——生まれつき身体能力が高かったんですか？

武藤　身体能力もそうですし、センスがありましたよね。

——その頃からもう「将来はJリーガーになる」みたいな感じですか？

武藤　それしか考えていなかったと思います。だけど、やっぱすげえヤツばっかの集まりなので、小学校のときは試合にバンバン出ていたんですけど、中学から出られなくなって、高校に入るときはユースに上がれなかったんですよね。それで普通に勉強で高校に入ったんですけど。

——じゃあ、高校からは部活でサッカーを続けて。部活レベルだったらバリバリですよね？

武藤　さすがにそこでは余裕でしたね。ボクの高校は千葉県でベスト8とかベスト4になるようなまあまあ強いチームで、そこから大学は推薦で法政に行くんですけど、もうその頃もずっとサッカー選手になることしか考えていなかったですね。

——そこまでプロになりたい目的というのはなんだったんですか？

武藤　やっぱ女にモテるためっスね（笑）。

——モテるため！（笑）。

武藤　「プロになったら、女優とかモデルとかAV女優とかイケんじゃね？」みたいな感じですよね。ボクの場合だとJリーガーになるのがいちばん早いだろうと。せっかく小さい頃からサッカーをがんばってきたんだから、それがいちばんの近道じゃないですか。それで大学サッカーでもいちばんレベルの高い関東リーグの1部ってところに入ってたんですけど、各プロチームのスカウトが試合を観に来てるんですよ。そこで目に留まった選手はチェックされたりして、それから「練習に参加しに来て」っていうオファーがあり、その練習でいいプレーができれば獲ってもらえるみたいな。

――それで武藤さんは松本山雅FCから声をかけられたと。

武藤　そうですね。大学2年くらいからはほぼ試合に出ていたんで、まあ、目立っていたとは思うんですよ。

――昔から女のコが大好きだったんですか？

武藤　高校のときは全然モテなかったんですよ。だからずっとサッカーしかやっていなくて童貞でしたし。でも大学3、4年くらいからは多少遊び始めましたね。

――ちなみに童貞喪失はいつですか？

武藤　大学1年ですね。渋谷にナンパができるようなバーみたいな店があって、そこにサッカー部の仲間と毎週末行ってたんですよ。完全に目的はナンパで、その頃はそういうところに行かなきゃ女のコと出会えないと思っていたんで、めちゃくちゃ通ってましたね。だから初めての相手は、そのバーで知り合った歳上の23とか24歳くらいの保育士だったんですけど、そこではまず連絡先を交換して、後日会おうみたいな感じで。大宮の人だったので、わざわざそのためだけに大宮まで遠征に行って（笑）。

――あれ、大学というか寮はどこだったんですか？

武藤　八王子です。だから渋谷も大宮も遠かったんですけど（笑）。それでそのコに会いに大宮に行って、居酒屋とカラオケに行ったんですけど、そのカラオケボックスでやりましたね。

――カラオケボックスで童貞喪失？

武藤　そうっスね。たぶん、その人はめちゃヤリマンだったっていうのもありますけど、なんかすんなりいけちゃったんですよ。超イージーすぎて逆におもしろくなかったというか。「あれ？　こんなもんか」と。それで、そこからはもうめちゃめちゃで「とりあえず数！」みたいな。もう狩りですよね。だから、いまもずっと狩りをし続けていて、まだちょっと落ち着かない状態ですね。

「格闘技もそうでしょうけど、キツいことをやっていると死を感じるので『子孫を残さなきゃいけない！』ってなる」

――じゃあ、大学1年のときにナンパに開眼したと。

武藤　そうですね。でも街とか歩いていたら、誰もが振り返るような超絶美人の人っているじゃないですか？　ボクはまだそういうレベルの人にはたどり着けていないんですよ。

――そうなんですか。

武藤　だから、そういう人をいくまでは死ねないなとは思っ

ていますね。

――そんなでよくJリーガーになれましたね（笑）。

武藤　いや、だからサッカーも全力でやってたんですよ。サッカーと女のコの両方を全力みたいな。

――大学まで本気でスポーツをやっている人っていうのは、やっぱり性欲というか精力は強いですよね？

武藤　強いっスね。やっぱ常に死を感じてるんで。

――死を感じてる？

武藤　格闘技もそうでしょうけど、キツいことをやっていると「これ、死ぬんじゃないか？」みたいな。サッカーだって本気でやっていたら普通に生きているよりも全然キツいので、そこで死を感じたときに「子孫を残さなきゃいけない！」ってなるから、あっちが強いのかなって勝手に分析してるんですけど。それと単純に運動をやっていると男性ホルモンが出ますからね。テストステロンが。

――出た、テストステロン。格闘家の人たちからもよく聞くワードですけど、「テストステロンを増やすにはスクワットがいいですよ」みたいな。

武藤　そうですね。テストステロンは男性ホルモンの代表的なものですからめちゃ大事ですよ。それでボクはプロになれたんですけど、試合に出たのは1試合だけっス。それなりに自信もあったんですけど、まったく出られなくて。ただ、そこで代わりに試合に出ていた人がズバ抜けていて、「コイツにはかなわねえな」って人だったらボクも納得するんですけど、ホントおじいちゃんみたいな人が試合に出てたんですよ。そういう上下関係みたいなことで試合に出られないっていうのを感じちゃったので、めちゃくちゃつまらなくて。

――プロの世界は完全実力主義じゃなかった？

武藤　そうなんですよ。もちろん自分の実力不足っていうのもあるんですけど、そこは納得しきれなくて。あと毎日の生活もまったく楽しくないし。大学時代ってチームのみんなが仲良しだから一緒にアホみたいなことができるけど、プロになっちゃうと「仕事」ってなるんで、ボクみたいなふざけたヤツがいると「おまえ、なんなんだ？」みたいになるんですよね。ましてや長野県じゃないですか、やっぱり女のコもかわいくないんですよ。

――ちょっと。

武藤　23歳のいちばんいいときにブスを抱いていて、まあプロなんでブスとは余裕でやれるんですけど、「なんか違うな。俺、何してんだろ？」と思って。しかも試合にも出られなくて給料も低い。「このままだったら表参道を歩いてるような超絶美人にはたどり着けねえな」と思って辞めましたよね。

――それでサッカーを辞めた！（笑）。

武藤　はい。もう早ければ早いほどいいなと思って、それで完全にサッカーは引退しました。

——そのとき、チームとはどういう話し合いをするんですか？

武藤　入団するときに3年契約をしていたので、3年間の生活は保証されているんですよ。でも、それを自分から打ち切って「もう辞めます。引退します」って言いましたね。

——そこで「なんでだ？」って言われますよね。

武藤　いや、凄くドライに「ふーん。そう」みたいな。ボクのほうもドライな性格なので、それでいいんですけど。プロスポーツってそういうドライで厳しい世界だと思います。給料も手取りで23万とかでしたし。

——なんでも言う！（笑）。ボクがサッカーに明るくないからなのか、Jリーガーは死ぬほどモテるっていうのはめちゃ昔の話なんですかね？

武藤　ヤツらは全然モテないです。全然わかってないです。頂点はやっぱり格闘家とヤクザですから。

——えっ、そうなんだ。

武藤　いちばんモテるのは、ヤンキー、ヤクザ、格闘家ですね。彼らはオスとして強いじゃないですか。ピラミッドの頂点にいる人たちですよ。でも、そういう人たちって結局はやさしいんですよ。

「J2優勝のパーティーにかわいいコがひとりも来ていなくて、そこで引退を決めましたね」

——朝倉兄弟って知ってますか？

武藤　もちろん。

——その理論だと彼らはかなり当てはまる要素がありそうですね。

武藤　だからあれがホンモノっスね！

——あれがホンモノ！（笑）。

武藤　格闘家には絶対に勝てないと思ってるんで。

——でもセックスが強いのはサッカー選手ってよく言われてますよね。

武藤　へぇ〜。いや、そんなことないと思いますよ。Jリーガーをやっていて、さらに自分から行けるマインドを持っていたらめちゃくちゃモテるかもしれない。やっぱモデルとかと結婚する人もいるじゃないですか。でも、それは自分からアクションを起こしていってるからであって、女のコから来るってことはないですからね。だからショックだったのが、ボクがいた年に松本山雅がJ2で優勝したんですけど、そのときにわざわざ東京に行って、女のコも呼んでパーティーするぞみたいな。それで行ったんですけど、ホントにマジでかわいいコがひとりもいなくて「うわっ、マジか……」と思って。

「J2優勝でこのレベルか……」と。それで「これは辞めるしかないな」ってそのパーティーで決めましたね（笑）。あの日のパーティーに来ていた女のコたちがかわいかったら、もう1〜2年くらいはがんばっていたと思うんですけど、ホントにブスしかいない、めちゃくちゃショボいパーティーでしたね。

——クズですね！（笑）。

武藤　それで引退してから、「女のコをがんばろう」「お金も稼ごう」となって、この『FU-TEN GYM』を始めたんですよ。2018年12月にサッカーを引退して、2019年11月からここを始めて。

——その間の1年は何をやってたんですか？

武藤　実家に戻って、なんにもしていなかったですね。でも、さすがにずっと実家にいるとマインドが壊れてしまうし、ただの廃人みたいになっちゃうので、都内で〝借り暮らし〟を始めましたよね。

——借り暮らし？

武藤　その頃はナンパの技術も超低かったんで、最初は都内の男の家とかに行きながら、のちにどんどん女のコの家を増やしていくんですけど。

——要するにナンパして知り合った女のコたちの家を転々とするっていう。

武藤　そうです。それで、このジムは土橋優樹っていう相棒とふたりでやっていて、土橋は大学の同期で、海外でサッカーをやってたんですけど、たまたまボクと同じタイミングで引退したんですよ。そいつも女のコが超大好きなんで、サッカーを辞めてから半年くらいずっと一緒に女のコ遊びをやってたんですね。でもふたりともニートなんでお金がないじゃないですか？　で、「どうする？」みたいになって。その頃は女のコと遊ぶにはお金がかかると思い込んでいたんですよ。そのときに土橋がネットで見つけたのが、中星一番さんっていう東大卒のナンパ師なんですよ。

——IQナンパ（笑）。

武藤　東大卒でナンパ師でAV男優もやっている、けっこうクレイジーな人で、ボクらにとってはナンパの師匠的な。

——その人は、ナンパのテクニックを情報商材として販売しているんですよね？

武藤　そうですね。それを見つけた土橋が「おい、凄いのがあるぞ。デート代とかも全部女に払わせるやり方があるんだよ。これで俺は次の次元に行く！」みたいなことを言ってきて（笑）。

——土橋さんがその情報商材を買ったんですね。

武藤　5000円で買ったんですよ。それで最初はボクも「コイツ、何を言ってるんだ？　とうとう頭がおかしくなったか」と思ってたんですけど、そのノウハウをボクも全部見せてもらって、どうせ何もやることがないし、やってみるかと思って、そっからはひたすら土橋と一緒にナンパしてましたね。もう朝から晩まで渋谷とか新宿で、ホントにキ○○イみたいに。

「とにかくナンパは数なんで、尋常じゃない数をこなしてると何回も超失敗しまくるんですけど、とにかく分母を増やす」

——有料の情報だと思うので細かくは聞かないですけど、ざっくり言うと、どんな手法でナンパしていたんですか?

武藤　声をかけたその日のうちにどうこうするっていうんじゃなくて、まずは一目惚れみたいな感じで「凄いタイプで声をかけてしまったんですけど……怪しいですよね?」みたいな。そういうジェントルマンの一目惚れ的な声のかけ方をして、その日は連絡先だけ交換してさよならなんですよ。それで後日アポを組んで、そのファーストデートでいきなり相手に全部おごらせるっていう。

——つまり初動のナンパは連絡先のストックを作ることに専念するんですね。

武藤　そうです。

——そこから再会するまでの間はLINEとかでやりとりをするんですか?

武藤　はい。

——そして一発目のデートから相手におごらせるっていうのは、会うまでにLINEのやりとりで自分の素性を明かしていくってことですかね?

武藤　そういうことです。ボクの場合は「いまジムを始めようとしているんだけど、お金がめっちゃ苦しくて……」みたいなことを全部言っておくんですよ。それでデートでおごってもらうみたいな。「ホントに好きだから」みたいな。

——ホントに好きではないんですよね?(笑)。

武藤　好きじゃないっスね。「ホントに好きだから」っていうのはもう全員に言ってます。でもボクは現金を貢がせるのはさすがに違うと思ってるので、それはいまだにしたことがないんですよ。でも人間、ご飯だったり家はやっぱり必要ですよね。ご飯と家があったら生きていけるので、都内にどんどん家を作ったんです。

——拠点を。

武藤　「俺、手作りが好きなんだよ」みたいなことを言ってご飯を作ってもらうみたいな。そうやって食費、家賃の固定費をなくしていったんです。

——固定費。

武藤　それをやっていくうちに「やっぱりこれは凄い考え方だな」と確信して。でも誰もができるわけじゃなくて、これをやるにも努力が必要だし。

——挫折みたいなのはなかったんですか？

武藤　まったくなかったですね。とにかくナンパは数なんで、尋常じゃない数をこなしてると何回も超失敗しまくるんですけど、そんなのはしょうがなくて「とにかく分母を増やせ。数だ、数！」っていう。「そんな、人と人なんだから、何でもかんでもうまくいくわけないし」っていうのが中星さんの考えなんですよね。もともとボクも新しいもの好きなので、すぐに新たな狩りに出ちゃいますからね（ケトルベルを握りしめながら）。だからどんどん結果が出ちゃってたし、ご飯と家、エッチをするのもフリーパス。男の悩みって、たぶんほぼ女の人かお金のことだと思うんですよ。だからみんなモテたいし、モテさえすれば悩みはないんですよ。それでいまはその先の、自分でがんばってお金を生み出す仕組みを作ろうと努力しているところですね。

——このジムを始めるときのお金はどうしたんですか？

武藤　土橋がたまたま資産家の娘さんみたいなコを捕まえまして。代官山のマンションにひとりで住んでいたそのコを土橋が彼女にして、「いま俺、ジムを作ろうとしているんだけど、銀行に100万円が入った残高証明書がないとお金を借りられないんだ。だから一瞬だけ100万貸して。証明書が取れたらすぐに返すから」って言って借りたんですよ。それでその100万を返そうとしたとき、そのコから「あっ、いいから。それは自由に使っていいよ」みたいに言われてそのまま100万もらったんですよ。

——へえー。じゃあ結局、その100万でこの物件を借りたと。

武藤　そうなんです。だからここにある器具なんかも全部そのコのお金ですね。

——テストステロンのおかげですね。

武藤　ボクらとしては「女のコのためにカッコよくい続けるための努力は惜しまないよ」っていう。ずっとカッコいい彼氏であるために筋トレだったりをしていますから。

——変な話、セックスも超がんばるわけですよね？

武藤　めちゃめちゃがんばりますよ。いちおう中星マインドにも「がんばれ」って書いてありますから。

——「がんばれ」（笑）。

武藤　「1時間クンニしろ」みたいな。

「いま彼女は3人ですかね。そのうちふたりが人妻で、もうひとりは普通に働いてるコみたいな」

——そういう関係をキープするには、やっぱりセックスもひとつの生命線ですか？

武藤　当然ですね。こっちのギブはそれなので。そのために相手はご飯だったり、プレゼントだったりを自分たちに貢い

adidas
NEIGHBORHOOD
NBHD

でくれるので。

——ジムの場所を表参道に選んだのは、やっぱり富裕層を狙ったわけですか？

武藤　そうですね。表参道のお金持ちの人たちにはジムに通ってもらって、街には若くてかわいいコたちもいるから、もう全部行こうっていう。そこにあるダウンジャケットはストーンアイランドなんですけど、それもいま付き合っている彼女に買ってもらいましたね。あとはＹｏｕＴｕｂｅを始めたくて「動画編集がしたいから」ってことで25万のＭａｃＢｏｏｋを買ってもらったりとか。

——それは複数の人からですか？

武藤　いや、それはどっちも同じ人からですね。いま、ボクにもめちゃめちゃお金持ちの彼女がひとりいて、彼女というか人妻なんですけど。まあ、自分で言うのもアレですけど、いまはナンパのプロだと思いますね。最近は自分でも「すげえな」って思ってます。

——それでも、いまだ武藤さんの思う超絶美人にはたどり着いていないと。

武藤　そうですね。最近は超絶美人系のＬＩＮＥをゲットできるようになったんですけど、そういうコたちってホントに気まぐれなんで、また会ってどうこうするってところまではいけてないですね。そこは課題ですね。

——武藤プロはいま、どんな感じでナンパするんですか？

武藤　普通にここらのへんの街中で、昼間しかしていないんですけど、道とかですれ違ったときとかに「あっ、すみません！」みたいな。「全然ナンパとかじゃないんですけど、お綺麗というかタイプで声をかけてしまったんですけど……怪しいですよね？」みたいな。

——ずっと中星マインドだ（笑）。

武藤　「いまボク、たまたま仕事で表参道に来ていて、もう行かなきゃいけないんですよ。自分で言うのもおかしいと思うんですけど、怪しい者ではないのですみません、ＬＩＮＥだけ。ありがとうございます！」みたいな。この下からの言い方と表情ですよね。そこを全力で演技する感じですね。

——それでいけます？

武藤　いけますね。

——まあ、武藤さんはルックスもいいですもんね。

武藤　そこはパパとママに感謝です。これでちょっとルックスが悪かったら難しいかもしれないですね。ボクも土橋も、黙っていても女が寄ってくるようなイケメンではないですけど、自分からアグレッシブに行きさえすれば全然大丈夫なレベルなんで。だからもうガンガン仕掛けますね。

——いま、そういう彼女みたいな人って何人ぐらいいるんですか？

武藤　いまは3人ですかね。そのうちふたりが人妻で、もうひとりは普通に働いてるコみたいな。ここでセックスしたりもするんですけどね。こんな汚いところにセレブが来て（笑）。でも同じ人間なので。

――「同じ人間なので」（笑）。

武藤　そういうコたちって、けっこういじめてあげると喜びますよね。

――あえて自尊心を傷つけてあげるというか、上から行くっていう。下から行くのは最初だけ（笑）。

武藤　ここらへんのお金持ちって普段はランチぐらいしかしてないんですよ。だから「ランチとワンちゃんの散歩しかしてないじゃん」みたいなことを言っていじめますね。

――なんちゅういじめ方……（笑）。

武藤　そうすると大喜びしますから。それで「俺と出会えてよかったね」ってちょっとナルシストみたいな感じのキャラで行ったりするといいですね。

「筋トレとプラスアルファで一緒にナンパ。ボクたちのジムはそれでよそとの差別化を図っています」

――だから武藤さんのやり方って、対セレブ用なんですかね？

武藤　どうなんですかね。でも、まだまだ甘いっスよ。最高はキャバ嬢、パパ活女子、モデルとかっていう超生意気なヤツらをガンガン落としていかないと。そいつらをバーンっていけるホンモノのモテ男がなかにはいるんですよ。やっぱそこを目指してますね。

――そういえば、この『FU-TEN GYM』も「モテる男になる」ってことをコンセプトにしているんですよね？

武藤　そうですね。テストステロンを出すことに特化したトレーニングを提供しています。

――清々しいですね。

武藤　だから「女のコにモテたい」って人が来ますし、ここで筋トレを教えながらボクらはナンパも教えられるので。だからオープンから超人気でめちゃくちゃ人が来たんですよね。

――オープン当初から。

武藤　もうありえないぐらい。サラリーマンの人もいますし、フリーランスで仕事をやってるって人も多いですね。なかには経営者で超お金持ちみたいな人もいて「あなたの考えは素晴らしいですよ」って言ってくれるんですけど。ホントに凄い高級時計をしている初老の人がボクたちに頭を下げてくれるんで、クレイジーだなと思って。成功する人はやっぱり謙虚だなと。

――その道のプロにはきちんと頭を下げるっていう。

武藤　だからそういう人とは一緒にナンパをやってましたね

（笑）。

——路上教習を（笑）。

武藤　そういう人はエグいっスね。「お金はいくらでも払えるんで毎日2時間見てほしいです」とか。だからその人だけの契約形態みたいな感じでお金をもらって教えたりしていました。

——でも元Jリーガーという肩書きがフックとなって、本格的なフィジカルトレーニングをパーソナルでやってほしいって人も当然いますよね？

武藤　いや、それはほぼいないです。

——全員モテたいためですか（笑）。

武藤　男はやっぱりそっちにお金を払いますよね。

——秘伝のモテメニューみたいなのがあるんですか？

武藤　やっぱり筋トレは自分たちでもやっていたし、さすがに勉強はしているので基本的なものを教えられるからそれをやりながら、プラスアルファでナンパですね。

——実戦のパーソナルを。

武藤　そういうのはほかのジムでは絶対に教えてもらえないじゃないですか。

——まあ、ジムってそういう場所じゃないですからね（笑）。

武藤　ボクたちはそこで差別化を図っているんで。でも最初に一気に40人くらい会員がいたので、ボクたちの時間がなくなっちゃったんですよ。毎日5～6時間くらいぶっ通しで教えてるみたいな。それでホントに疲れてきちゃって「これを続けていたら普通のサラリーマンよりは稼げるけど、自分たちの時間がなかったらナンパもできないから意味ないよね」ってなって、いろいろ考えて一度ジムを閉じたんですよ。そこからまあ、「またやるか」ってなったんですけど、いまはコロナでジムもナンパもできる限りの自粛中っていう。

——ちなみに相棒の土橋さんは今日何をやってるんですか？

武藤　今日はたぶん女の家にいますね（笑）。

——じゃあ、武藤さんも土橋さんも仕事はこれだけですよね？

武藤　そうです。基本的にほかのことはやっていないですけど、中星さんの情報商材みたいな感じのやつをボクたちも出してるんですよ。

——ナンパの。

武藤　中星さんと比べたらまだまだしょぼいんですけど、そこでちょこっと稼いだりもしていますね。中星さんはそれで1億稼いでますから、ボクらも継続的に売るってことを考えなきゃなって。あと、いま土橋とボクともうひとりのヤツでYouTubeも始めたんですよ。そこでもちろんチャンネル登録者を増やして広告費を稼ぐっていうのもありなんですけど、とにかくナンパをがんばっていると男性ファンがつきやすいんですよ。そういう固定ファンをしっかりと作って、オンラインサロンだったりに誘導するとか。そういう何か新しいことを始めるにしても、人気者だったりファンが付いてたりするとなんでもできるじゃないですか。だから何かをやってから有名になるより、有名になってから何かやったほうがいいよねってことで、いまはみんなでＹｏｕＴｕｂｅをがんばろうかなってなってますね。

――オンラインサロンをやるにしても、全部ナンパのためのやつですよね？

武藤　ナンパですね。もう一点突破ですから（笑）。ボクらにはそれしかないです。そのひとつのことを行ききっちゃって「コイツ、おもしれえな」ってなってくれたら勝ちっスよね。結局どのジャンルでも突き抜けてる人がいちばん強いと思いますから。中途半端にやるのがいちばんダメっスよね（ケトルベルを握りしめながら）。

武藤友樹（むとう・ゆうき）
1995年5月9日生まれ、千葉県出身。
『FU-TEN GYM』代表。元プロサッカー選手。
柏レイソルのアカデミー出身で、千葉県立八千代高校、法政大学を経て2018年に松本山雅FCへ加入。しかしリーグ戦の出場はなく、天皇杯の1試合に出場したのみに終わり、2019年1月にプロサッカー選手引退を発表。その後、表参道にプライベートジム『FUTEN-GYM』を開設。「モテホルモンで理想の身体を実現」をコンセプトに、モテと自身のライフワークであるナンパに特化したパーソナルサービスをおこなっている。YouTubeチャンネル『りすくり』も開設中。

TARZAN by TARZAN

ターザン バイ ターザン

はたして定義王・ターザン山本！は、ターザン山本！を定義することができるのか？「馬場さんの代わりに新日本潰しに向かったのが大仁田なんですよ！ そして大仁田は長州力よりも役者が上で、長州の心理状態を完全に読みきっていた。長州は大仁田に『またぐなよ』って言ったけど、違うんですよ。またいだのはじつは長州のほうなんですよ！」

絵　五木田智央　聞き手　井上崇宏

第十一章 大仁田厚の激情！

「神社長の『チケットは持ってますか？』発言は、俺たちからすれば最大のギャグなんですよ！天下一のギャグですよぉ！」

――アントニオ猪木の純度を高めたものがUWFであり、そしてジャイアント馬場のショースタイルの極限が電流爆破デスマッチ、大仁田厚であるという。

山本　ハッキリ言うとさ、大仁田は全日本プロレスの新人第1号なんですよ。その翌年に渕（正信）と（ハル）薗田が入ってきて「若手三羽烏」と呼ばれたわけだけど、そのなかでいちばん嘱望されていたのは大仁田で、馬場さんと元子さんから「養子にしたい」と思うくらいにかわいがられていたんよね。馬場さんは自分たちに子どもがいなかったから、馬場家の養子候補の筆頭が大仁田だったんですよぉ！

――新弟子1号であり、養子候補1号。

山本　大仁田は性格がトンパチでしょ。渕は性格的にちょっと固いし、薗田も真面目。やっぱり大仁田のようにバカみたいなことをやる男のほうが馬場さんもかわいいわけですよぉ。だってさ、大仁田が海外修行から帰ってきて、成田空港で馬場さんに会った瞬間に「ハガミ（前借り）ください！」って言ったらしいからね。そういうことを言われた馬場さんは逆にうれしいというかね。だって馬場さんにそんなこと、普通の人間なら言えないじゃないですか。

――みんな距離を置いて遠慮しているところに、平然と飛び込んでいくわけですね。

山本　そうそう。「お金を都合してください！」って。

――ああ、かわいい（笑）。

山本　だから大仁田がケガをして引退試合をやったとき、元子さんが抱きついて涙を流したっていう有名な話があるんだよね。だけど、俺は『週刊ファイト』の記者で、トップの井上（義啓）編集長は絶対的な猪木ファンでしょ。しかも雑誌も新聞も「猪木と新日本じゃなきゃ売れない」っていうのがあったから、俺は完全に井上編集長と猪木、新日本に洗脳されていたんよ。つまり、全日本はもう頭の中では圏外というか。

――新日本にはバリサンだけど（笑）。

山本　だから全日本に取材に行っても、元子さんから「何しに来たの？」って言われるし、まったく歓迎されないし、変な目で見られるし、『あっ、〝新日本〟が来た』って言われるからさ、俺は全日本に対して愛着がないわけですよ！　それで1981年に初代タイガーマスクが新日本でデビューしてブームを起こしたときに、全日本もジュニアでブームを起こそうとして大仁田を持ち上げたでしょ。テリー・ファンクと絡ませながらNWAインタージュニアのベルトを獲らせたわけだけど、そのときも俺は大仁田にはまったく興味がなかったんよ。初代タイガーマスクの輝きの前では全部ダメだ、お話になりませんよという気持ちでさ、そこで大仁田を取材しよう、持ち上げようっていう気持ちはさらさらなかったんよ。

——ほとんど視界に入っていない状態という。

山本　それで左ヒザを粉砕骨折して、なんとか再起しようとがんばったわけだけど、ドクターストップがかかったわけですよ。それで引退を賭けたマイティ井上戦に敗れて現役を引退したでしょ。その時点で大仁田は、スピード感のあるダイナミックなプロレスがもうできなかったわけですよ。あれはもうクルマで言ったら廃車の状態ですよ。そして引退後はマット界を離れて、芸能活動を始めて『11PM』に出たりとかもしたけど、すぐに食えなくなって借金をしたり、肉体労働をやって食いつないでいたわけですよ。でもアイツは不思議なものを持ってるんだよね。そうやって叩かれて地獄に落とされても這い上がってくるんよ。それって猪木的なんですよ。

——なるほど。

山本　あるとき、上田馬之助が「猪木がなんで凄いか。猪木は踏まれる麦なんだ」って話をしたことがあるんですよ。麦というのは踏まれて強く育つでしょ。大仁田もまさにそのタイプなんですよ。要するに小さな猪木、スモール猪木なんですよぉ！

——英語にする必要……。

山本　どん底に落とされて、夢も希望もなくなり、肉体労働をやっていたのに、なんとかして人生を逆転させたい、這い上がろうっていう気持ちがあったんよ。それでジャパン女子のコーチになってさ、そこにはグラン浜田もいて、大仁田と浜田がふたりでコーチをしていたんだけど、それが大仁田の運命を変えたんですよ。なぜかというと、そこで新間（寿）さんが大仁田をUWFの会場に行かせたんですよ！

——新間さんはジャパン女子の経営に関わっていましたよね。あっ、あれは新間さんの仕掛けだったんですね。

山本　新間さんの仕掛けですよぉ！「UWFは自分たちが最強だと言ってるけど関係ない。おまえが行って挑戦状を渡してこい！」と。それで1988年12月、大阪府立体育会館に大仁田は挑戦状を持って行ったんですよ。そうしたら入口で神（新二）社長から「チケットは持ってますか？」と言われて門前払いですよ！（笑）。俺たちからすれば最大のギャグなんですよ！　天下一のギャグですよぉ！

——天下一のギャグ（笑）。

山本　でも、それはある意味では大失言なんですよ。神社長がその言葉を言ったがために、大仁田は逆に「クソくらえ！」となって反UWFに燃え上がってしまったわけですよ。だからあれはプロレス史上最大の名言にして、ギャグにして、大失言なんですよ！　神社長の名が歴史に残るとしたらあの一言ですよ。神社長が大仁田を目覚めさせた、覚醒させる原因を作ってしまった。そこで大仁田はとてつもない屈辱を味わったわけでしょ。やっぱり神社長はフロントだから官僚タイプなんだよね。官僚が言いそうな、要するに石田三成が戦国時代の武闘派に言いそうな言葉なんですよ。それで結局、バカにされた大仁田が「だったら俺が反ＵＷＦの団体を旗揚げしてやる！」ってなってＦＭＷが誕生するわけですよ。そのＦＭＷっていう名前をつけたのは『ゴング』の竹内（宏介）さんらしいんだよね。

「ＵＷＦを誕生させた新間さんは、のちにＦＭＷをも作った。つまりあの人は本当に万里の長城を築いていたんですよぉぉ！」

――フロンティア・マーシャルアーツ・レスリング、略してＦＭＷ。

山本　そこで竹内さんに相談しに行く大仁田も凄く要領がいいんですよぉ！

――業界内で、オセロの四隅を押さえにいく感じですよね。

山本　そうそう。竹内さんも自分が名付け親になると気持ちがいいわけじゃないですか。そのへんの大仁田の巧みな処世術というのは、のちに出世していく布石となっているわけですよ。それともうひとつ重要なことは、ＵＷＦという名前をつけたのは新間さんでしょ。要するに新間さんは、自分が作ったものを大仁田に殺しにいかせているわけですよ！　そして結果的に大仁田が反ＵＷＦになってＦＭＷを作ったというのは、つまりね、新間さんがＵＷＦとＦＭＷという両団体を作ったんですよ！

――たしかに！

山本　ＵＷＦという格闘技系と、ＦＭＷというグダグダのインディー、この２つは新間さんが誕生させたわけですよ。新間さんはＵＷＦを旗揚げしたときに、「私はプロレス界に万里の長城を築く」と言ったでしょ。実際は第１次ＵＷＦは新間さんじゃなくて浦田（昇）社長が経営をやったんだけど、マクロな時間軸で見るとですよ、ＵＷＦを誕生させた新間さんは、のちにＦＭＷをも作った。つまりあの人は本当に万里の長城を築いていたんですよぉぉ！

――なるほど！

山本　言葉に偽りなしですよ！　新間さんは万里の長城を築いていたというね、ここがいちばん重要なんですよ！　だからあの人はホラ吹きじゃないんですよ。今日、俺がいちばん言いたかったことはこれなんですよ！

——早くもクライマックスを迎えた（笑）。

山本　（急に小声になり）いやいや、これはまだ序の口、出だしですよぉ。

——うひょ〜！（笑）。

山本　それからさ、大仁田はFMWをインディーのキングにさせていくわけでしょ。大仁田が何をやっていったかと言うと、電流爆破デスマッチを編み出して、それを汐留でやるわけですよ。あの日は屋外だったんだけど、台風が来ていたから、リングを真ん中じゃなくて会場の隅っこに持っていったことで、かろうじてできたという強運の持ち主でもあるんよ。それどころか、お客が隅っこに固まって観たことによって、妙な一体感が生まれて、みんなが電流爆破に驚き、衝撃を受けたんですよ！　そういう空間設定のツキというのも大仁田にはあるんですよ。それで、俺はあの電流爆破をご丁寧にも表紙にしたんだよね。「もういいからやめて」みたいなね。

——「感電、爆破、流血…そして絶叫　わかったからもう、やめてくれ」ですね。

山本　その表紙を見た村松友視さんの奥さんが「この表紙は素晴らしい！」と。俺は村松友視さんの奥さんに褒められたよぉ！

——そういう山本さんのミーハーな一面は好きです。

山本　だってね、俺は村松さんの家に電話して、村松さんが不在のときは奥さんと2時間もしゃべってるんですよ。要するに元子さんスタイルですよ！

——常に嫁とつるむっていう（笑）。

山本　そうそうそう！（うれしそうに手を叩く）。だって村松さんは帰って来るのが夜遅いから奥さんはヒマをしているわけですよぉ。だからガールズトークになるわけですよ！

——自らを女性に設定しているんですか。

山本　そこで俺は凄いことを聞いたりするわけよね。たとえば村松さんが家に帰って来ないから、奥さんが怒って村松さんにバケツの水をぶっかけたとか、あるいは包丁を持って待っていたとかさ（笑）。そんなことをすべて俺に報告するわけですよ！

——何を洗いざらいしゃべらせてるんですか（笑）。

山本　いや、俺からはなんにも聞いてませんよぉぉ！

——聞き上手なんですね。

山本　「これは誰にもしゃべれねえなあ……」みたいなさ。いま初めてしゃべったよ。

——なんで墓場まで持って行かないんですか（笑）。

山本　いや、墓場まで持って行ったら、そのとき世界で何が起こっていたのかわからないまま、あるいは起こったことも起こったことにはならないじゃないですか。だから俺は全部しゃべるんですよ！

——そういえば、高田延彦がさわやか新党から参院選に出馬したことがあったじゃないですか？　あれも新間さんの差し金だったという噂を聞いたことがあるんですけど。

山本　ああ、聞いたことがあるねえ。

——当時、猪木さんを落選させるための対抗馬として髙田さんを立てたっていう。それは髙田さん本人も知らないことなんじゃないかと思うんですけど。

山本　真相はわからないけども、そのへんは新間さんもしつこいんですよ。愛が強すぎて。

——愛憎。

山本　愛から憎しみへと変わるわけですよ！

——ちょっと女性的でもありますよね。

山本　要するにアントニオ猪木を「自分のものだ」と独占したいんですよ。たしかにアントニオ猪木を作ったのは新間さんであり、猪木さんはそれに相乗りしたんだからね。だけど猪木さんはそういう人間のことをとてもめんどくさがるでしょ。だからひっついたり離れたりするんですよぉ。

「大仁田の本質、邪道精神に目をつけたのがじつは長州力なんですよ！　そして邪道が長州に勝つわけですよ！」

——大仁田さんが竹内さんのところに相談に行って、団体名をつけてもらったっていうのは、もともと全日本時代からの『ゴング』との関係性があるわけですよね。そこで山本さんが汐留の電流爆破を表紙にしたりしてプッシュしたというのは、どういう距離感だったんですか？

山本　俺は大仁田とはしゃべったことがないし、ほとんど接点がないんよ。でも、あれを現場で観たら、「これは凄いことが起きた！」となったわけですよ。

——山本さんも会場に行かれてたんですね。

山本　行ったよ。そこで「歴史的なことが起きた！」っていうのを体感したわけですよ。あの風景と出来事、衝撃的な爆発音と映像。これはマット界に大きな事件が起こったと思うでしょ。そうしたらプッシュするしかないじゃない！

——そこはピュアに反応したんですね。

山本　それまで続いてきた猪木的世界、馬場的世界の二巨頭時代、ソ連とアメリカの二強みたいな世界を覆す、非常にシュートな役割を持っているっていうことを察知したんですよ。あの日の大仁田を見て、これからはまったく別の価値観が生まれて、多様化して広がっていくんじゃないかという予感がしたんよ！

——活字的には新日本の一強時代ですよね。

山本　馬場さんはいくら新日本に仕掛けられても、何もしないでじーっと黙ったままでさ、好きなようにやられていたわけですよ。馬場さんは沈黙の人であり、王道だから。そんな馬場さんの代わりに猪木潰し、新日本潰しに向かったのが大仁田なんですよ！　その最初の一手が電流爆破だった。かつては猪木さんもいろいろなデスマッチをやったけど、それらは中途半端だったでしょ。そこで思いっきりデスマッチをやって、猪木、新日本を潰しにいくというのは「馬場さんに代わって俺がやる！」という大仁田の使命感なんですよ。つまり馬場一派の中で新日本を潰しに行ったのは大仁田だけなんですよ！

——なんですか、この大河ドラマは。要するに猪木さんの無意識によってUWFというものが誕生し、馬場さんの無意識によって誕生したのがFMWというわけですか。

山本　そうですよぉ！　新日本一強で馬場・全日本は長年いろんな屈辱を味わってきて、全日本の選手やフロントたちも新日本に対してコンプレックスを持ったりとか、つらい思い、「クソくらえ！」っていう感情、それを大仁田がすべて背負っていたんですよ。そうしたら「どうすれば新日本の牙城を崩せるか？」っていうのを考えるわけでしょ。それは全日本内では考えられないことだけど、外に出てみてどん底に落ちたからこそですよ。だからFMWっていうのは新日本と、新日本の流派であるUを潰すために誕生したんですよ！　だけどUWFも言ってしまえばFMWと同じ邪道だから、勝手にやっておけと。大仁田の標的はあくまで新日本なんですよ！

——新日本を標的にしたからこそ、同じ志を持ったUWFとは相容れないという見方もできますね。

山本　それでのちにさ、大仁田は本当に新日本のリングに上がってしまうんですよ！　ここが重要なとこで、大仁田はヒザが悪いでしょ。わかりやすく言ってしまえばプロレスラーとしてはポンコツでありガラクタなわけですよ。FMW全体もポンコツガラクタ軍団なんですよ。ハードルの高い新日本や全日本には入門できなかった人たちがうわーっとやってきて、その受け皿になったのがFMWなわけだから、そこで巨大なポンコツガラクタ軍団というパンドラの箱になったわけですよ。それに女子まで作っちゃって、邪道姫の工藤めぐみとかコンバット豊田とかもいて。さらにボクシングのレオン・スピンクスを呼んだりして、ポンコツなりにもの凄いビッグワールドを作ってしまったわけですよ。

——リー・ガクスーというスターが誕生する土壌（笑）。

山本　そうそう！（笑）。もうなんでもあり、理屈なんて関係ないと。その原点は「一寸の虫にも五分の魂」っていうね。大仁田は学校や社会やいじめられている、虐げられているような人たちの代弁者として、試合後にやる「おまえたちと一緒に生きていくんじゃ！」っていうパフォーマンスがバカウケしたわけですよ。だから大仁田は〝邪道〟と言われたわけですよ！　それに対して〝本道〟があるわけですけど、邪道が主張するいちばんのアイデンティティは一点しかなくて、「俺はたしかにポンコツだし、廃車だし、ガラクタだ。でも新日本だって全日本だって同じ穴のムジナじゃないか！」と。その同じ穴のムジナであることを大仁田は証明しなければいけない。そのためにはどうしても新日本のリングに上がらなきゃいけなかったんですよ。新日本に上がった瞬間にＦＭＷをバカにしていた連中に対して大仁田は「ざまあみろ！　やっぱりおまえらは同じ穴のムジナだったじゃないか！」と言えるからね。これが邪道精神、大仁田の本質であり、そこに目をつけたのがじつは長州力なんですよ！

――ああ、そうですね。

山本　長州は現役を引退していたけども、「長州出てこい！」ということを言い続けたことによって、一度引退したら復帰できないという長州の建前、理屈の正義感を大仁田がぶち壊したんよ。それによって邪道が長州に勝つわけですよ！　もし、そこで長州が出て来なかったら大仁田は負けていたんだけども、長州は本当に出てきたし、それで横浜アリーナが超満員になったでしょ。あれは完璧に大仁田の罠にはまったわけですよぉ！

――試合には当然負けたけども、大仁田の完全勝利だと。

山本　新日本は正義とかストロングスタイルとか、あらゆる理屈を述べてプロレスの最先端を行ってるけれども、結局は商売がすべてだから客が入ればいいんですよ。大仁田と長州が試合をすれば客が入るっていうことはわかりすぎてたでしょ。その点でも大仁田からすれば、「ざまあみろ！　俺が言った通りになったじゃねえか！」と舌を出して高笑いですよ。だからあれは大仁田の大勝利なんですよぉ！

「俺は現場にまったく行っていないし、関わってもいないんだよ。だけど大仁田のやることでインパクトのあるものはすべて大きく取り上げた」

――のちに大仁田さんが『ＫＡＭＩＮＯＧＥ』で言っていたのは、あの横アリまでの流れは完全に自分と真鍋アナで作り上げたものだと。そこで最終的に長州を引っ張り出すことに成功したんですけど、横アリにあれだけの客を集めたのは自分と真鍋アナなのに、長州さんは自分ひとりの人気だと勘違いして、ＷＪの旗揚げも横アリでやってしまったと言ってたんですけど。

山本　そういうことですよ！　あそこでは大仁田のほうが長州よりも役者が上で、長州の心理状態を完全に読みきっていた。つまり「本当は復帰したい」という長州の願望を見切っていたんですよ。だから長州は大仁田に「またぐなよ」って言ったけど違いますよ。またいだのは長州のほうですよ！

——大仁田をまたいでしまったと。

山本　引退して二度と復帰しないという建前を破って、復帰することでまたいだのは長州ですよ。大仁田自身も何回も引退してカムバックしたけど、「長州さん、あなたもカムバックしたでしょ」と。そこでも同じ穴のムジナであることを証明したわけですよ！　あそこでまたいだのはじつは長州なんですよぉぉ！

——話を戻しますが、FMWは邪道路線でどんどん上がっていくわけじゃないですか。後楽園で「八百長」という観客の野次に大仁田がキレたことも週プロの誌面で積極的に扱ったりしていましたけど、当時のネタとしてはギリギリですよね。

山本　タブーですよ。だけど野次を言ったヤツに向かって大仁田がマイクをぶん投げたシーンを大きく取り上げたんよ。その大仁田がマイクを投げたっていうのはプロレス的パフォーマンスであり、それは俺にとっても絶好のチャンスなんですよ。良い悪い、応援するとかしないとかじゃなく、そのシチュエーションが大事だから。ああいうシチュエーションが起きたこと自体に惚れたから表紙にしたり、大きく取り上げるんですよ。だから大仁田は「持っている」わけですよ。

——じゃあ、山本さんもピュアな精神で取り上げてるんですね。

山本　そうそう。

——おもしろいものが勝ちだっていう。

山本　おもしろくて話題性があるもの、賛否両論があるものがいちばんいいわけだから。

——大仁田さんや荒井（昌一）さんたちとはどういうスタンスで付き合っていたんですか？

山本　とにかく大仁田はアイデアマンなので、川崎球場というインディーの聖地を作るわけだよね。あるいは横浜スタジアムでやるとか、関ケ原でノーピープルマッチをやる、佐賀県の鳥栖で音楽と一緒にイベントをやるとかさ。そうやって大仁田がいろんなことをバンバンやってくれるから、つまり勝手に話題を提供するという意味でも猪木的なんですよ。大仁田は自分が座長だからすべて自由にできるわけですよ。規模は違えど猪木さんや馬場さんと同じポジションにいて、小さな劇団の座長として君臨しているんだから。

——すべて大仁田の自己発信ですか。

山本　現場には編集部から小島（和宏）くんや鈴木健ちゃんが取材しに行ってるんだけど、俺はまったく行ってもいないし、関わってもいないんだよね。だけど大仁田のやることでインパクトのあるものはすべて大きく取り上げるというのが俺のスタイルだったわけですよ。

——山本さんはつるんでいないわけですね。

山本　つるんで一緒にストーリーを考えようとか、お互いにアイデアを出し合ってっていうのはいっさいやっていないわけですよ！

――第1次UWFは杉山さんが団体サイドとつるんでいて、杉山さんの部下だった山本さんも絡んでいたわけですけど、それとはまったく違うわけですね？

山本　まったく違う。鈴木健ちゃんと小島くんにすべて任せていたから。

――鈴木さんと小島さんはもちろん一緒に作っていましたよね？

山本　たぶんやっていたんじゃないかなと思う。大仁田からしたら、誌面で大きく取り上げてほしいっていうのもあって、彼らを手なづけていたというか。

――FMWは新しく起こったムーブメントだから、鈴木さんや小島さんみたいな当時の若い記者にとっては大チャンスですよね。

山本　だから彼らは現場に行けば週プロの代表選手という権限があるわけで、ページも取れると。そういった意味では彼らもやりがいがあっただろうね。

――山本さんも口を出さないし。

山本　そこは分担してるから。ただ、それで起きたことの評論は俺がやるみたいな。あくまで現場のことは彼らに任せて、起きたことの価値付けをするのは俺っていうね。

「大仁田が猪木まで届かなかったっていうのは、やっぱりアントニオ猪木も凄いよね。猪木さんには大仁田の心が見えすぎていたんですよ」

――その山本さんの論評によって、無意識に現場の動きも左右されるでしょうし。

山本　そうそう。やっぱり経営も苦しいわけですよ。ビッグマッチをやるとお金もかかるし、失敗もできないじゃない。だから荒井さんは編集部を訪ねてくるわけですよ。それで一階の会議室でしゃべっていたらさ、「ウチは今度のビッグマッチで大勝負しています。なんとか表紙にしてください」と言ってくるわけですよ。もう悲壮感丸出しなんだよね。そこでみんなは「バカヤロー！　俺は頼まれて取り上げるようなマスコミじゃない！　そんなの関係ない！　買収されないぞ！」っていうポーズを取るんだろうけど、そこでもし俺が「ふざけんな！」って追い返してしまったら、荒井さんは帰ってから大仁田にこっぴどく叱られるんじゃないか、そういうことが頭の中で浮かぶわけですよ。

――手ぶらじゃ帰れないっていう。

山本　「表紙を取ってきました！」って大仁田に言う選択肢しかないわけでしょ。だから俺は「わかった！　やります！」って荒井さんに言うわけよ。そうしたら荒井さんが茶封筒を渡してきてね、中に30万円入っていたんですよ。

——30万で週プロの表紙を取った。

山本　本当なら価値としては３００万ですよ！

——金額はともかく、荒井さんはそれだけの悲壮感を持って来ているわけでね。

山本　そこにあるのは人間関係であって、お金の問題じゃないんですよ。荒井さんが死にもの狂いで来ているので俺はそれを立てなきゃいけないわけですよ。でも、そこで30万円が入った茶封筒を「いいよ、これは」と押し返してもいけないんですよ。なぜなら、もらったことで共犯関係になるし、向こうも渡したことで自由になれるわけですよ。そこでもし俺がお金を押し返して、そのまま荒井さんが持って帰ってしまったら、向こうは自分たちだけが得をしたような気分になって、こっちは何も得をしていないわけでしょ。もちろんジャーナリストとしては受け取らないことが正しいのかもしれないよ。でも、それをもらうことで対等な関係になる。だから俺はすんなりもらうんですよ！　すんなりともらって、そのお金をその週の競馬ですべてスルんですよ。跡形もないんですよ。

——まさに邪道！（笑）。

山本　あえてゼロにしてるんですよ、俺は！

——まあ、競馬で勝ってたら跡形はあるんですけどね（笑）。

山本　ただ、それで銀座に飲みに行くとかさ、いい時計を買うとか、そういうのはいっさいないんですよ。だから俺がやってることは正しいんですよぉぉ！　モノとして残っていないんだから証拠がないんですよ！　で、荒井さんはそのあとも2回くらい来たよね。

——ビッグマッチでここぞというときに？

山本　うん。で、俺は「ああ、今日も30万か」と。

——じゃあ、合計で90万もらったんですか。

山本　もらってるね。その代わり、無条件で大仁田を表紙にしたよ。

——そういうとき、荒井さんは山本さんに直で会いに来るわけですね？

山本　そうそう。だって表紙は俺が作るわけだから。

——でも、その30万円という相場も小島さんとかが決めていたのかもしれないですよね（笑）。

山本　どうなんだろうね（笑）。

——「山本さんは30万だと思うよ」って（笑）。

山本　あるかもわからないね！（笑）。

——山本さんが競馬でバカ負けしたタイミングとかを見計らって、「いますぐ来たほうがいいですよ！」とか（笑）。

山本　それはあったかもわからないねえ！（笑）。それで大仁田はＦＭＷでも引退したけど、俺はもう絶対に復帰してくると思ってたもんね。だってプロレスしかできないんだし、テリー・ファンクの弟子だから絶対に戻ってくるんですよぉ。だけど、やっぱり大仁田って独善的で人望はないから結果的に新生FMWを離れるわけだけど、まあ、人望がある必要もないというか。

——そして最終的に個として新日本に向かって行ったという。

山本　新日本に上がらないことには邪道もストロングスタイルも一緒だよっていうことを証明できないからね。新日本に上がるという馬場さんができなかったことをやったわけで、それが大仁田の最終的な目標だった。猪木さんはそのことをわかっているから絶対に大仁田とは絡まなかったんよ。猪木さんには大仁田の心が見えすぎていたんですよ。だから大仁田が猪木まで届かなかったっていうのは、やっぱりアントニオ猪木も凄いよね。大仁田は絶対に猪木を引っ張り出したかったんだけど。

「結局、みんな猪木と馬場を背負ってしまうんですよ！　対立していて絡んでいないように見えて、かならずどこかでクロスしてしまう」

——いま思えば猪木vs大仁田は観てみたかったですけどね(笑)。

山本　あっ、大仁田と週プロの絡みでいちばんおもしろかったのは、大仁田がプエルトリコに行ってストーリーを作ったときですよ。

——ホセ・ゴンザレスに腹を刺されたっていうやつですね。

山本　ブルーザー・ブロディ刺殺をなぞってね。それで大仁田がホセ・ゴンザレスを日本に呼んでブロディの仇を取るっていう展開を思い描いていたんだけど、そのとき俺は「それをやるなら、FMWはいっさい誌面に載せません」ってバーンとやったんよ。

——あれはなんだったんですか？

山本　いや、こっちは完全に本気ですよ！　俺はブロディが好きだから。

——ふざけたことをやってんじゃないよと？

山本　いくらストーリーでもやっていいことと、やっちゃいけないことがあるだろうっていうのが俺の考えにあって、やっぱりなんでもありじゃないんですよ。ブロディの死を利用するというのは、ブロディ好きの俺にとっては非常に許せないことだったんだよね。

——潰しにかかった理由は、山本さんがブロディが好きだったから。

山本　そのときの俺は正義感丸出しだったんですよ。だから俺は本気で載せないつもりでバーンとやったんだよね。もし、それが俺があえて仕掛けたことで、それを元に大仁田と誌面で抗争しながら本当にホセ・ゴンザレスを日本に呼んできたらおもしろいことになっていたかもしれないんよ。でも俺は完璧に、思いっきりあのプランを拒否して潰しに行ったんよね。いくら「おもしろければなんでもいい」という俺でもさ、あのときだけはまともな人間になったんだよねえ。

――薪をくべたわけではないと。

山本　そうしたら大仁田は自分のプランを崩されたってことで、埼玉かどっかの試合が終わったあとに浅野（起州）さんと一緒にベースボール・マガジン社の近くまで来たよ。大仁田はクルマの中にいて、浅野さんが代理人という形で出てきてね、その件について話し合いというか、向こうが「もう呼びませんから」と言うから和解したんよ。俺も正義感に駆られてストーリーを潰してしまったっていうのは、いまとなっては惜しいことをしたのかもしれない。でも俺も真面目だったんだなあ。

――たしかにブロディの死を利用することはよくないと思いますけど、週プロが乗っかることでスキャンダラスな展開に持っていけたというのも目に浮かびますよね。

山本　だから、あのときは部下に対しても「これを受け入れたらまずいだろう」っていう姿勢を見せる必要があったので、俺も踏み込めなかった。だからあの件については大仁田は俺のことを恨んでるかもしれないね。

――通常の誌面的には「おもしろいものはおもしろい」と、週プロはFMWのことをひとつの団体としてまっとうに扱ったわけですよね。それがのちのインディーブーム、インディー乱立時代を呼んだというか。

山本　多団体時代のきっかけになったんですよ。ミスター・ポーゴとか松永（光弘）のW☆INGとか、みちのくプロレスも出てくるし、IWAジャパンとかね。一気にインディーが花開いたわけですよ。だから大仁田のFMWによってインディーがビッグバンしたんよ。あのインディー多団体時代を作ったのは大仁田であり、一方でUWFが格闘技界を作ったっていう、この2つがいちばん大きな潮流になっちゃったわけですよ。そして、その2つを誕生させたのは新間さんでしょ。新間さんっていう男はどれだけ無意識の力が凄いんだよぉ！

――全日本以外は、ほぼすべて新間さんが作ったものということになりますね。

山本　すべて新間さんの手の内にあった。でも、あくまで新間さん自身は無意識なんですよ。結果としてそうなったっていうだけで。天龍がのちに馬場さんを裏切ってSWSに行って、そのあと新日本に上がって長州、猪木と試合をしたでしょ。天龍と大仁田にはコンプレックスをどこかで覆さなきゃいけないという思いがあって新日本に上がることを考えたんですよ。そして猪木まで到達したのは天龍っていうね。猪木さんは天龍のことは受け入れたんよね。

――そうしてみんなが宿命を背負ってしまうって、『犬神家の一族』みたいな話ですね。

山本　結局、みんな猪木と馬場を背負ってしまうんですよ！対立していて絡んでいないように見えて、かならずどこかでクロスしてしまうっていうさ。

――山本さん個人は、新日本か全日本かっていうゴリゴリの昭和を生きてきたわけですけど、インディーに対してはどういう捉え方をしていたんですか？

山本　昭和を生きてきたがゆえ、猪木、馬場の二巨頭時代はもう終わった、飽きたと思っていたんですよ。だからそれに代わるべきもの、たとえば藤波辰巳（当時）のジュニア旋風や初代タイガーの四次元殺法、あるいは格闘技ブームだったりとか、そういうものを常に求め続けていたのが俺のプロレス人生なんですよ。そして、そこにインディーというものも入っているわけですよ。どれだけ小さな規模でカネがなくても「これもプロレスだ」と扱えばムーブメントになるんよね。だけど、あの頃のプロレスライターや評論家の人たちはインディーを無視するわけですよ。

――蔑視していたというか。

山本　蔑視しているから大きく取り上げないんですよ。俺だけなんですよ、「ポーゴ、松永、バンザーイ！」「みちのく、バンザーイ！」って取り上げるのは。でも、そうやっていろんなスタイルがあって、楽しみがたくさんあったほうがプロレスファンも飽きないじゃない。だから盛り上げなきゃいけないっていう使命感があったんよ。

――トピックは多いほうがいいと。

山本　ネタやタネは多いほうがいい。だから俺はポーゴや松永、あるいはスペル・デルフィンを表紙にしたんですよ！俺は頭がおかしいですよぉぉ！

「ストロングスタイルという表面的な理屈と、ビジネスのためなら精神も曲げるという裏側、そのダブルスタンダードこそが新日本の魅力なわけ」

――そういえば山本さんが編集長時代の週プロも、新日本が表紙かどうかでだいぶ実売数に開きがあったという話を聞いたことがあるんですけど、実際はどうだったんですか？

山本　いや、あの当時の週プロは何を表紙にしても関係なかった。そのレベルまで行ってましたよ。読者はすべて肯定してくれていたので、デルフィンを表紙にしたから売れないっていうことはないわけですよ。むしろおもしろがるというかね。

――たしかにボクも、表紙が誰だろうが関係なくてあくまで誌面を楽しみにして毎週買っていましたからね。

山本　その惰性で買わせるっていうのが、売る側としてはいちばん重要なんですよ。買うことを習慣化させなきゃいけないから。

――という意味では、週プロもある意味では団体的ですよね。

山本　完全にひとつの団体ですよ！

――週1でマッチメイクをしていくわけですよね。

山本　マット界全体をマッチメイクしていく、ファンが望んでいるベクトルをマッチメイクしていったんですよ！

――週プロは月曜入稿だったと思うんですけど、表紙はどのタイミングで決めるんですか？

山本　日曜日の夜中1時頃だね。その頃にデザイナーの田中さん夫婦が編集部に来るから、1時半頃には表紙の写真とコピーを渡さなきゃいけないんですよ。そこまで俺は粘りに粘るんよ。やっぱり1週間単位で出来事も何もかもが全部違ってくるからね。

――むしろギリギリまで粘っていないと鮮度が失われるわけですね。

山本　そう。日曜日まで待って、今週は何がいちばんの出来事だったか、インパクトがあったものは何か、スキャンダルになったのは何か、っていうのをギリギリまで考えて出すわけですよ。それと同時に『ゴング』は何を表紙にしてくるのか？」ってことを読むわけですよ。でも『ゴング』はまともだから、その週でいちばん点数の高い出来事で来るだろうなって予想すると全部当たるんですよ（笑）。

――ほぼ当たると。

山本　なぜ、それを考えていたかというと、表紙がかぶっちゃうと両方が潰れるからね。俺だってそのときいちばんの出来事を表紙にしたいんですよ！　でも、かぶったらまずいからそれは表紙にはできないというハンデを抱えながらね、そして、もしかしたら逆転的な表紙が作れるんじゃないかっていう思いもありつつ、俺は別のネタを選んでいたわけですよ。それには凄く労力を使ったね！　俺だって『ゴング』と同じものを表紙にしたいわけですよ！（笑）。

――それが固く売れるチョイスなわけですもんね（笑）。

山本　だけど同じ表紙になったらファンは両方とも買わないんよ。だから『ゴング』とは絶対にかぶらないということを俺は最大の使命にしていたわけですよぉ。

――ということは、山本さんも感覚的にはインディーですよね。

山本　完全にインディーですよ。既成概念がないというか、発想が自由というか、権威主義じゃないというか。

――ただ、プロレスを軽く扱うことだけは許さない（笑）。

山本　そうそう。新日本のストロングスタイルというのは強さの象徴であり、絶対的な価値観なわけじゃないですか。それって女に例えると、純血、処女なわけですよ。ファンのみなさんはそこをいちばん崇高なものとして求めるわけですよ。でも大仁田っていうのは処女でも童貞でもなくて、もう堕落しきっているわけよね。そんな男が新日本に行って、純血や処女を堕落の底に引きずり込んだということが、俺が大仁田のいちばん好きなところなんですよ！　アイツは本当にドン・キホーテですよ！　だってさ、長州や蝶野が電流爆破のリングに上がること自体がストロングスタイルの堕落じゃないですか！

――ＵＷＦの選手たちの大仁田嫌いっていうのは、あれはマジですか？

山本　マジですよ！　前田日明も髙田延彦もみんなそうだから。もう存在自体が認められないものだっていうね。そういう意味では彼らはＵＷＦという精神性を純粋に背負っていたんですよ。新日本は商売になるならどっちでもいい、最後は自分たちの考えを捨ててもいいよっていう感覚があるけど、Ｕだけは絶対に大仁田を認めないっていうね。

――ＵＷＦはピュアですね。

山本　新日本っていうのはもともと裏側はピュアじゃないんですよ。ビジネスのためならいくらでも精神も曲げるからね。でも表面的にはストロングスタイルだったり、キング・オブ・スポーツっていう理屈がある。そのダブルスタンダードこそが新日本の魅力なわけだよね。そして、そのストロングスタイルの裏側を見事に突いたのが大仁田っていうね。

――今回は新間さんの凄さもあらためてわかりましたね。

山本　新間さんが作ったものはアントニオ猪木だけではなかったというね。新間さんのなかにある基本精神は猪木愛だけども、ＵＷＦという格闘技とＦＭＷというインディーという２つ、その後、何十年も続くプロレス界の大きな潮流を誕生させたのは新間さんですよ。非常に偉大な人ですよぉぉ！

ターザン山本！（たーざん・やまもと）
1946年4月26日生まれ、山口県岩国市出身。ライター。元『週刊プロレス』編集長。
立命館大学を中退後、映写技師を経て新大阪新聞社に入社して『週刊ファイト』で記者を務める。その後、ベースボール・マガジン社に移籍。1987年に『週刊プロレス』の編集長に就任し、"活字プロレス""密航"などの流行語を生み、週プロを公称40万部という怪物メディアへと成長させた。

”ビーバップみのるロス”に陥った（？）古泉智浩先生、がんばれ!!

てめえブラックバス
何しやがんだ
さばの水煮缶なげやがって
売りもんだぞ
売り物？
カッ
カッ
それが何？
バラ
バラ
バラ
バラ
わーっ！
やめろやめろ
ばっ

ザッ
あうっ
どてっ
無様だわパンサー
がばっ
ぐえっ
ドスドス
ドスドス
ぐえっ
やめろ
何でこんなことするんだ？

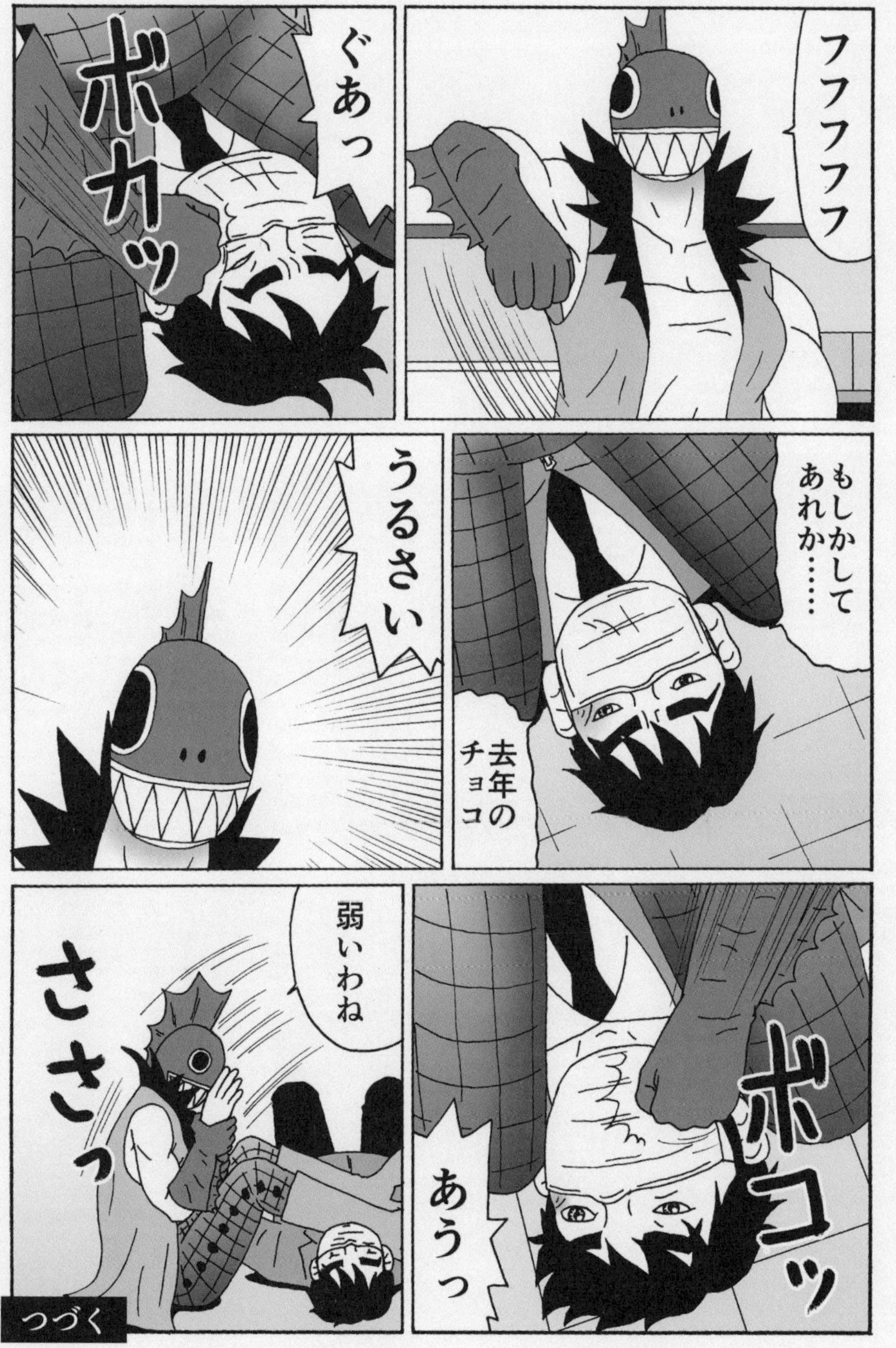
フフフフフ
ボカッ
ぐあっ
もしかしてあれか……
去年のチョコ
うるさい
ボコッ
あうっ
弱いわね
ささっ

つづく

マッスル坂井と真夜中のテレフォンで。

05/17

MUSCLE SAKAI DEEPNIGHT TELEPHONE

「いま『夏の魔物』とかで生でミュージシャンのライブとかを観ちゃったりしたら感動しちゃいそうじゃないですか？　でも収束明けの一発目が『夏の魔物』だったらちょっと嫌ですよね（笑）」

「新潟は緊急事態宣言は明けたんですけど、結局、県をまたいだ往来はなんとなく禁じられているから」

坂井　今月はもう俺は何もないですからね！（笑）。

――何もないよねえ。じっとしているだけだもんね。

坂井　新潟の会社でじっとしているだけですよ。これもう、レコーダーは回ってる？

――回してます。

坂井　あぶねえ。いま強烈なシモネタを言うとこでしたよ。

――それはあとで聞きましょう。なんか5日くらい前から生まれて初めてヘルペスができちゃって。

坂井　どこに？　口のまわりとか？

――左の手首あたりですね。私、人知れず疲れてるんだなと思いまして。

坂井　だって執筆者に『KAMINOGE』の見本誌を送るのとか、井上さんが自分でやってません？

――もちろん私がやってますよ。

坂井　ですよね。そりゃ疲れるわ（笑）。

――それだけが仕事じゃないですけど（笑）。

坂井　でもお疲れのところ申し訳ないんですけど、最新号（101号）が俺のところにまだ届いてないですよ（笑）。

――えっ、送ったよ！

坂井　来てないですよ。いや、心当たりはあって井上さんね、宛名のとこに俺んちの住所をずっと間違えて送ってきていたんですよ。だけど毎月、奇跡的に届いてたんですけど。

――えっ！　言ってよ！（笑）。

坂井　いや、届いてたからいっかと思ってて。たぶん、今後も住所を間違ったまま送ったら、

構成：井上崇宏

俺のとこには届かないと思うんで、あとで住所送りますわ。

――お願いしますよ。もう新潟にこもり続けてからどれくらい経ちます？

坂井　4月に入ってからずっと新潟ですね。4月2日に片山勝三さん率いるスラッシュパイルのイベントが無観客であって、それ以来東京には入ってないですね。

――じゃあもう1カ月半。

坂井　緊急事態宣言があってから東京には行けなくなっちゃったからね。

――東京の仕事がなくなったっていうか、いま東京でタレントさんをお招きするような仕事が作れないんだから。だから坂井さんの仕事がなくなったわけじゃなくて、東京の仕事がなくなったっていう。

坂井　そうそう。根こそぎなくなったんで。大変ですよねえ、これ。

――でも新潟は緊急事態宣言は明けたでしょ？

坂井　明けたんですけど、結局ほら、県をまたいだ往来はなんとなく禁じられているじゃないですか。だからどこにも行けないんですよね。でも今日、クルマで通りがかったら回転寿司屋とかは行列してましたね。パチンコ屋も普通に営業していましたし。プロレスの興行ってやってるところはないんですかね？

――ノアがABEMAでテレビマッチをやってるくらい？

坂井　お客さんを入れてやってるところはないですよね？

――ないはず。会場側が貸せないでしょう。

坂井　ああ、そっか。お客さんを入れてはやれないか。

――だから毎年、夏の風物詩である『夏の魔物』なんかは……。

坂井　ちょっと待った。夏の風物詩っていうのはG1クライマックスとかなんじゃないの？（笑）。DDTのビアガーデンプロレスとか。それを『夏の魔物』って（笑）。

「俺はここで声を大にして言いたい！最初が『夏の魔物』なんかであっては絶対にならない」

――いやいや、やめてあげてください。今年の『夏の魔物』は8月30日に八王子でやるってことで、いまもずっとSNSで開催を煽ってるけど。

坂井　どうなんですかね。成田（大致）くんってソーシャルディスタンスとかっていう概念がなさそうだから、やりそうですけどね。

――だからダメってときは会場側がNGでしょう。

坂井　いま『夏の魔物』とかで生でミュージシャンのライブとか観ちゃったりしたら感動しちゃいそうじゃないですか？

――絶対にするよ。

坂井　それが『夏の魔物』だったらちょっと嫌ですよね（笑）。

――あっ、一発目が。そんなこと言うなよ！そりゃここで言うなよ！　喫煙所で言う話だよ、それは！（笑）。

坂井　いやいや、俺はここで声を大にして言いたい！（笑）。

――コロナ収束明け一発目に触れるエンタメが『夏の魔物』になるのだけは嫌だと（笑）。

坂井　もし、一発目だったら俺は自粛する！溜めを作りたい。

――キャリーオーバー（笑）。

坂井　最初のシチュエーションが『夏の魔物』なんかであっては絶対にならない。

――ひどい（笑）。なにがいいんだろ？じゃあ、一発目は何が観たいですか？

坂井　東京で一発目に何を観たいか？　えっ、急には思いつかないな。

――私は3月7日に埼玉の狭山市で鑑賞する予定だったザ・クロマニヨンズのライブが延期になったままでして、それがいつ行われるのかがわかんないですけど、それが予定としてひとつありますね。

坂井　あっ、そうそう！　そのクラスですよ、やっぱ。そういうの、そういうの（笑）。

――ちゃんと自分のなかでも物語があるっていうか。

坂井　そうそう。

――いや、ダメだよ。『夏の魔物』に出る予定の人たちに対しても失礼だよ。

坂井　違う違う。だから今年も然るべき人たちは出るじゃないですか。アントニオ猪木さんとかがちょっと不謹慎なことを言いつつも、芯を食ったようなことを言ったりして、それで「1、2、3、ダーッ！」をやってみんな泣くみたいな。そういうのが超最高ですけど、それが成田くんの手柄であってはならないというか。なんて言うんですかね（笑）。

――「成田くん、本当にありがとう！」とは言いたくない。

坂井　言えない。それだけはちょっとホントにごめんなさい。私もイベントを司る者ですから、いち興行師、いちクリエイターとしてそれはつらいですね。でも、じゃあ何が一発目に観たいのか……。自分がやるとかじゃなくて受け手として観たいやつですもんね。

――そうそう。

坂井　生で観たいもの、マジでなんだろ……。なんか音楽な気がしてきますよね。プロレスってのはちょっと自分的にはピンときてないかも……。

――プロレスラーだからね（笑）。友達みんなでめちゃめちゃ飲みに行ったりしたいね。

坂井　そう！　そっちそっち！

――そうだね。ひさしぶりにいろんな人と会いたいね。

坂井　会いたいんですよ。

――それでベロベロに酔っ払ってね。

坂井　でも酔っ払っても肩を組んじゃいけないわけでしょ？

――そうなのか……。

坂井　肩を組んでカラオケになだれこんだりしちゃいけないわけですよ。そこなんですよ、結局。

――じゃあ、ライブなんか当分ダメじゃん。

坂井　だからライブもけっこうまだまだ先なんじゃないかっていう気がしちゃうというか。そこもまたイベントを司る者としてつらいですよね。だからもう「何が好きだったんだっけ？」っていうのもちょっとわからなくなってきてるというか。井上さんはすぐにパッとクロマニヨンズって出たじゃないですか。じゃあ俺の場合、そういうコンサートとか舞台、プロレス興行、発表していなかったものも含めて観に行くことが決まっていたとするじゃないですか。そこで俺がなんのチケットを取ってたんだろうっていうと、ちょっといまパッと出てこないんですよね。

「俺がやってるようなエンターテインメント性の強いプロレスっていうのはちょっと変えないといけないのかも」

――あっ、あとは藤井健太郎さんとさらば青春の光のイベント（『テレビでもネットでもできないし、個人事務所じゃなきゃできない映像LIVE』）、あれを観るまでは死ねないと思ってます。

坂井　うんうん。あれは東京2回と大阪で1回やって、俺は東京で観ましたよ。

――あの追加公演があるようなら絶対に観たいかな。

坂井　あれってプレミアムチケットで発売

して何分かで売り切れたイベントじゃないですか。東京の1公演目って渋谷のユーロスペースだったから200人入るかくらいの劇場で、平日の金曜とかだったんですけど、その週の月曜日に俺は新木場で『まっする』をやったんですよ。それでユーロスペースで『まっする』、観に行きました」っていう人ふたりくらいから声をかけられて。それと「あれ？　この人来てたの見たな」っていう人がひとりいて、だから同じお客さんが3人かぶってるっていう（笑）。「凄いカルチャーを浴びてるな、この人たちは」って思って。チケット運もいいんだなっていう。

そうそう、だから真っ先に観たいのはそういうイベントですよね。

——パッと思いつくのはそれとかかな。だってプロレスも格闘技もまったく見通しが立っていないから「あれが観たい」っていうのは、いまはちょっと言えないっていうか。

坂井　そうですよね。3月に我々の共通の友人の結婚式に行ったじゃないですか？　あれはよかったですよね。

——ああ、あれはよかった（笑）。

坂井　見世物としては最高だったでしょ。ホントに普通の結婚式のフォーマットでめちゃめちゃ泣きませんでした？

——めちゃくちゃ笑ったし、めちゃくちゃ泣いた。

坂井　泣いて笑ってっていうね。あそこには、まさに成田大致くんが『夏の魔物』で見せたいもののすべてが入ってましたよね。ああいう感動っていうか。まあ、無理でしょうけど（笑）。

——たしかに今年の上半期でいちばんおもしろかったのはあの披露宴だな。

坂井　そうですよね。あれがあったから俺は今年生きていけるっていうのがあって。

——いやー、しかし大変だ。

坂井　俺らがやってることってエンターテインメントだと思っているんですけど、べつにコロナと闘ってるわけじゃないからエンターテインメントの敗北じゃないんだけど、自分たちがそういうものをやっていることの意味とかがちょっとわからなくなってきたんですよね。

——非日常を提供する側として。

坂井　そう。自分たちも3月に自粛要請が出るギリギリのときに『まっする』をやったんですけど、あのときからすでに自分でもそれは感じていて。リング上よりも会場の外のほうが非現実感、緊張感があるっていう。会場の中よりも外のほうがなんか怖くてピリついてるというか。ピリついちゃってるとちょっとやりづらいというか、なんかをやるタイミングじゃないのかなって思ったりしちゃいますよ。

——たとえば、コロナが収束したとして、イベントも前みたいにやっていいですよってなるときが来たら、提供するエンターテインメント自体もガラッと変わるのかね。

坂井　世の中の仕組み自体もこれまでと同じような日常にはたぶん戻らないと思うんですけど、なんとなくイメージだと同時に戻るっていうことはないでしょ。「はい、○月○日に緊急事態宣言を解除します。休業要請もしません」って言ったところでみんなが同時に「あー、終わった、終わった！」とはならないでしょ。

——よーいドンとはね。

坂井　そうはならないし、みんな大きな被害をこうむってるし、それぞれが悲しい思いとか変化を余儀なくされているから戻れないですよね。いまだに病院とかも大変でしょうし。俺らはちょっとエンターテインメント性の強いプロレスをやっているわけじゃないですか。そこでちょっと普通の、いわゆるストロングスタイルのプロレスとか、アスリート的なプロレスはある意味で変わらないのかもしれないけど、エンターテンイメント性の強いプロレスっていうのはちょっと変えないといけないかもしれないですよね。まったく同じじっていうふうにはいかないですよ。だからちょっと考えないとっていうか、考えてもわかんないですけどね。正直、何を見て笑うのかなっていうのは。

「新潟県下でもね、感染した家族とかはやっぱり引っ越してたりしているらしいんですよ」

——う～～ん。

坂井　井上さんは新型コロナウイルス自体を怖いなって思ったりするんですか？

——あのね、なんて言うのかな。

坂井　人によって全然違うじゃないですか。

——違う。温度差がすげえある。

坂井　もの凄く警戒してる人とか、まったく気にしていない人とかもいて。

——だからそこは凄くデリケートに接さないとっていうのはある。

坂井　「俺はこうなんで」とかちょっと言えないでしょ。

——言えない。それは震災のときの原発と一緒だよね。あのときにピリついていた人は今回もピリついてるし、関係ねえだろっていう人は今回も関係ねえだろだし、っていう。私の場合は極力怖がりつつも「でも風邪じゃん」っていうのがあるんですよ。抗体さえできちゃえばおしまいじゃんっていうのはあって、ただ3日くらい前にすげえ調子が悪いときがあって。

坂井　えっ？

——熱とかはないんだけど急に身体が異常にだるくなって、「うわ、これコロナか？」となって、そのときにちょっと落ちたというか、「これ、失うものがデカいな」と思って。

坂井　だって井上さんがコロナにかかったりしたらもう休刊でしょ？

——休刊だし、いまコロナにかかったら「コロナにかかったヤツ」っていうレッテルが一生貼られるなとか。

坂井　それは言い方としてもひどいな（笑）。

——いやいや、リアルにそうだなと思った。知り合いにはひとりもいないし、コロナにかかった人のことをそんなふうに思ったことはないけど、もし自分がかかったらそう思われちゃうよなと思って。

坂井　たしかにそうなんですよね。

——それでまわりはみんな距離を取ると思うし。家族にも迷惑がかかるし、ご近所さんも嫌だろうし。そうしたら2時間くらい昼寝をしたら超元気になっていて、「あー、よかったぁ……」と思って（笑）。やっぱただ疲れてただけっていう。

坂井　新潟県下ではね、あまり公にはなっていないけど、感染した家族とかはやっぱり引っ越してたりしているらしいんですよ。もう、そこには住めなくなっちゃったって。

——あー。家族の誰かひとりでもコロナにかかったらもう家ごと。

坂井　そう。しかもいまは、若い人たちってネットで「どこどこの誰々らしいよ」とか「この仕事をやってたらしいよ」とかっていうのをけっこうみんなLINEとかで共有したりするじゃないですか。それであっという間に広がって結果的に引っ越しみたいな。その引っ越しする前とかも相当生きづらかったわけでしょ。

——うわぁ……。

坂井　引っ越していってもすぐに決まるわけじゃないだろうし、新しく行くところでも気をつかうだろうし。そんな話を聞いてたら、なんかもう苦しいんですよね。

——じゃあ引っ越しっていっても、どこに引っ越したんだっていう話になるじゃないですか。

坂井　そうなの。だからホントどうなるんだろっていう。いまは抗体検査みたいなのもあるじゃないですか。それですでに感染してたけど自覚症状があまりないうちに治ってしまっていたみたいなパターンもわかるんだけど、日本はビックリするくらいに陽性率が低いらしいですね。じつはマジでかかっていないみたいな。

「仕事で仲のいい人たちと会っても、『じゃあ、ちょっとお茶でも』っていうふうにはならないですよ」

——そうなんだ。

坂井　ちょっとわかんないですけどね。

——でも、これからかかる可能性もあるし。だって家でじっとしていた主婦ですらかかっちゃったっていう例もあるからね。

坂井　そうなんですよ。

——そうしたらもう運でしかないっていうか。だからじっとしていることによって運の確率を上げるってことなんだろうけど、「今日は一瞬だけ自販のジュースを買いに行きました」でかかっちゃうかもしれないんだから。

坂井　そうそうそう。

——って、なんて普通の話をしてるんだか。

坂井　いや、それくらい俺は警戒することに越したことはないってホントに思っていて。けっこう警戒してるんですよ。新潟でも仕事で仲のいい人たちと会っても、「じゃあ、ちょっとお茶でも」っていうふうにはならないんですよね。

——それはなんなんだろうって思う。やっぱ打ち合わせが必要なときってあるじゃないですか。でも、いまはZoomとか電話でやっちゃってるでしょ。そこを「じゃあ、明日○時に渋谷でいいっスか?」とか俺はもうどういうつもりなのかなって思ってる。

坂井　そうでしょ。それとかウチの父親なんか70歳ですけど、社長だから会社にいるわけですよ。それでなんかちょっとしたこととかでも、お客さんが来たりとか、自分が行ったりとかしていて「いやいや、電話でいいんじゃない?」って。「このお客さんとなんの話をしてるんだ?」みたいな。業者の人を呼び出して打ち合わせとかしてるから「なにやってんの!」「なに来てんの!」ってホントに思ってて。

——こないだ横尾忠則さんがツイッターで怒ってたの知ってる?

坂井　えっ、知らない。

——「若い作家がアポなしで、突然アトリエへ。持参した自前の飲食品を食って帰る(他の理由をつけて帰ってもらった)。外出自粛期間中の状況判断無視、社会的モラルの礼儀礼節の欠如。こちらは80代のリスクの高い高齢者。ちょっと考えろよな」って。

坂井　それはちょっと変ですね。なんか問題以前の問題ですよね。

——難しいよね。

坂井　これ、来月とかってなんの話をしてるんですかね? ちょっとは戻ってるんですかね。

——ちょっと落ち着くんじゃないかな? アメリカが太陽光でコロナが不活性化するとかって発表してたけど。

坂井　なんか梅雨でいったん消えるんじゃないかっていう説もありますよね。夏に風邪ひくヤツもあまりいないじゃないですか。

——まあ、いまもめちゃケアしてるから、まわりは誰ひとり風邪をひいてませんね(笑)。

坂井　こんなに風邪ってひかないもんなんだって思ってますよ。まったくなんのオチもないですけどね、これがいまの気分ですよね。

安納サオリ　イケナイ自粛警察 後編

もはや警察でもなんでもない。

ター■ン?
日高屋のミニラーメンを食べに行ったわ。

「量と質はつねに相反するもの……」

安納サオリ（あのう・さおり）
1991年2月1日生まれ、滋賀県大津市出身。プロレスラー。女優。
当初は女子プロレス団体スターダムの芸能部門であるスターダム・プロモーションに所属し、舞台を中心に活動していたが、2015年5月31日、プロレスデビュー。スターダム、アクトレスガールズ、WRESTLE-1、全日本プロレスなどで腕を磨き、そのルックスに似つかわしくない激しい闘いを展開している。現在はフリー。

アベノマスクよりも先に届いたギャラガーマスク２枚！
KAMINOGE №102
次号 KAMINOGE103 は
2020 年 7 月 5 日（日）発売予定!
完全同化に成功！ LIVE FOREVER!!

2020 年 6 月 17 日
初版第 1 刷発行

発行人
後尾和男

制作
玄文社

編集
有限会社ペールワンズ
（『KAMINOGE』編集部）
〒154-0003
東京都世田谷区上馬 1-33-3
KAMIUMA PLACE 106

WRITE AND WRITE
井上崇宏
堀江ガンツ

編集協力
佐藤篤
村上陽子

デザイン
高梨仁史

表紙デザイン
井口弘史

カメラマン
タイコウクニヨシ
橋詰大地

編者
KAMINOGE 編集部

発行所
玄文社
［本社］
〒107-0052
東京都港区高輪 4-8-11-306
［事業所］
東京都新宿区水道町 2-15
新灯ビル
TEL:03-6867-0202
FAX:048-525-6747

印刷・製本
新灯印刷株式会社

本文用紙：
OK アドニスラフ　W A/T 46.5kg